CROSS-BORDER E-COMMERCE
DIGITAL MARKETING

职业教育跨境电商系列
¤ 新形态精品教材 ¤
总主编 ◎ 章安平

跨境电商 | 数字营销

主　编 ◎ 童红兵
副主编 ◎ 刘轶华　丛文君　葛　珊

大连理工大学出版社

图书在版编目(CIP)数据

跨境电商数字营销 / 童红兵主编. -- 大连：大连理工大学出版社，2021.10(2022.9重印)
ISBN 978-7-5685-3446-8

Ⅰ.①跨… Ⅱ.①童… Ⅲ.①电子商务－商业经营 Ⅳ.①F713.365.2

中国版本图书馆CIP数据核字(2021)第252573号

大连理工大学出版社出版

地址：大连市软件园路80号 邮政编码：116023
发行：0411-84708842 邮购：0411-84708943 传真：0411-84701466
E-mail：dutp@dutp.cn URL：http://dutp.dlut.edu.cn
辽宁星海彩色印刷有限公司印刷　　大连理工大学出版社发行

幅面尺寸：185mm×260mm	印张：11.5	字数：266千字
2021年10月第1版		2022年9月第2次印刷

责任编辑：夏圆圆　　　　　　　　　　　　　责任校对：刘丹丹
　　　　　　　　　封面设计：对岸书影

ISBN 978-7-5685-3446-8　　　　　　　　　　　　定　价：38.80元

本书如有印装质量问题，请与我社发行部联系更换。

前言 Preface

跨境电商是国际贸易未来发展一大趋势,是中国对外开放战略落地的重要支撑,也是助推产业升级、品牌升级的重要抓手。随着"国内、国际双循环新发展格局"的提出,以及 RCEP 协定的推进,跨境电商行业发展前景广阔。可以说,跨境电商是我国外贸新业态中的"尖子生",也是稳外贸的"轻骑兵"。

越来越多的商家加入到跨境电商的大军中,如何快速获客并完成销售转化是商家们共同关心的话题。近年来,数字营销逐渐取代传统营销方式。在目前的市场环境下,数字营销是最有效和最经济的营销方式之一。与传统营销方式相比,数字营销更直接、更快速、更精准,也更能体现个性化。

为适应跨境电商的快速发展以及营销方式的不断变化,培养跨境电商数字营销人才,本教材围绕"课、岗、训、赛"融合的思路,设计了七个教学项目。本教材的特色如下:

1. 最新技术、技能、场景驱动教材内容

本教材以行业最新技能为创新点,运用"互联网+"推进线上、线下更广、更深融合,发展新业态、新模式,使用数字营销技术和手段,提升客户满意度、降低退货率,为消费者提供更多便捷、舒心的服务和产品。本教材介绍了社交媒体平台、AR 技术、MR 技术、数字展会等最新技术、技能在跨境电商数字营销领域的应用,助力精准营销,符合时代发展对人才培养的需求。

2. 课程思政与职业素养贯穿任务学习

本教材以习近平新时代中国特色社会主义思想为指导,落实立德树人根本任务,坚持把立德树人融入跨境电商数字营销人才培养的全过程,旨在通过学习专业技能的同时,融入思政教育,培养学生的职业素养和敬业精神,践行社会主义核心价值观,将团队合作、企业文化、职业素养融入教材,贯穿于每一个任务当中,培养具有现代化跨境电商职业理念和职业操守的高素质技术、技能型人才。

3. 采用校企"双元"合作编写教材

探索数字营销转型路径，策划、设计数字营销方案，包括内容电商、社群运营、虚拟主播、数据营销等多个营销方向。本教材针对不同的学习任务构建校企合作资源开发路径，依据"理实一体化"教学理念，实现现代学徒制人才培养，从教材整体设计到任务实施，均与企业典型工作进行衔接和设计，更贴近企业需求，符合跨境电商数字营销人才培养需求。

4. 丰富的数字化教学资源

本教材构建了多层次的数字化教学资源，实现因材施教。各类学习者按需取用，结合高职高专教育学情，每个任务设计实训案例，针对任务的知识点提供随堂练习、资料拓展和微课资源，使用二维码同步配套大量的数字资源，提高学习者的兴趣，实现多维度教学。

本教材由威海海洋职业学院童红兵担任主编；福建空中邮车网络科技有限公司总经理刘轶华、威海海洋职业学院丛文君、葛珊担任副主编；威海海洋职业学院王韶洁、林淑华、郇晓虹、王舒晴参与了部分内容的编写。具体分工如下：丛文君编写项目一，林淑华、王舒晴编写项目二，葛珊编写项目三，刘轶华、丛文君编写项目四，童红兵、葛珊编写项目五，刘轶华、童红兵编写项目六，王韶洁、郇晓虹编写项目七。

本教材既可以作为跨境电子商务、国际经济与贸易、国际商务、商务英语等专业的教材，也可以作为跨境电商和国际贸易从业人员的培训教材。

本教材在编写过程中吸收了国内外专家、学者的研究成果，参考了大量相关资料，在此谨向所有的专家、学者表示衷心的感谢！请相关著作权人看到本教材后与出版社联系，出版社将按照相关法律的规定支付稿酬。

因跨境电商处于前所未有的高速发展时期，跨境电商数字化营销方式和手段日新月异，教材中所涉及的知识和技能如有疏漏和不足之处，恳请广大读者批评指正。

编者

2021 年 10 月

所有意见和建议请发往：dutpgz@163.com
欢迎访问职教数字化服务平台：http://sve.dutpbook.com
联系电话：0411-84707492　84706671

目录 Contents

项目一　认识跨境电商数字营销 ··· 1

　　任务一　认知数字营销 ··· 2
　　任务二　了解全球数字营销新趋势 ······································· 5

项目二　运用 SEO 与 SEM 开展跨境营销 ···································· 17

　　任务一　认识 SEO 优化与 SEM 营销 ···································· 18
　　任务二　SEO 优化推广实践 ·· 24
　　任务三　SEM 营销推广实践 ·· 30

项目三　运用 EDM 开展跨境营销 ··· 41

　　任务一　认识 EDM ·· 42
　　任务二　进行 EDM 实践 ··· 55

项目四　运用移动营销开展跨境营销 ··· 77

　　任务一　认识移动营销 ··· 78
　　任务二　移动营销推广与实践 ··· 92

项目五　社交媒体营销 ··· 105

　　任务一　认识社交媒体营销 ··· 106
　　任务二　社交媒体营销推广与实践 ······································· 115

项目六　运用直播和短视频开展跨境营销 ……………………………… 133
　　任务一　认识直播和短视频营销 …………………………………… 134
　　任务二　直播营销推广实践 ………………………………………… 139
　　任务三　短视频营销推广实践 ……………………………………… 147

项目七　运用数字展会开展跨境营销 …………………………………… 157
　　任务一　认识数字展会营销 ………………………………………… 158
　　任务二　数字展会营销推广实践 …………………………………… 164

参考文献 ………………………………………………………………… 177

项目一

认识跨境电商数字营销

学习目标

知识目标
- 认识数字营销的含义和特点。
- 了解数字营销的种类和应用。

技能目标
- 能够了解和掌握数字营销的特点和种类。
- 学会区分和应用不同的数字营销方式。

素质目标
- 具备全面认知新事物的辩证思维。
- 具备与时俱进、科学探索的精神。

在全球经济一体化的形势下,电子商务迅猛发展,同时电子商务也促进了经济全球化,这为跨境电商的发展提供了有力的支持。跨境电商成为发展的一个新风口,伴随跨境电商产业朝着"买全球卖全球"的目标迈进,用户通过跨境电商渠道就可以足不出户买卖全球质优价廉的商品。在跨境电商快速发展的过程中,数字营销悄然而至。

伴随5G时代的来临,新兴市场带来了新的增长,数字技术也开辟出了跨境电商产业的新方向,让中国企业摆脱传统贸易渠道的束缚,直面终端消费者,助力我国中小企业的国际化、终端化和品牌化。重构的国际贸易关系,也有助于提升中国在全球价值链中的地位,增强企业全球高端资源配置能力。新的协作形态、新的营销解决方案不断完善着整个跨境电商全链接、全场景、全生态的发展,跨境电商数字营销将迎来黄金发展时期。

任务一　认知数字营销

项目导入

一汽奔腾的跨界出圈

2019年7月12日长春车展,一汽奔腾T33正式亮相,为扩大新车上市热度,巩固品牌口碑,快速匹配目标人群,一汽奔腾借势年轻人群中的热点娱乐IP"2019微博超级红人节",携新车奔腾T33在"微博红人盛典"中大放异彩,收获了全网关注,实力演绎从"被看见"到"被记住"的年轻化营销的正确姿势!

跨界营销流行已久,但随着越来越多的品牌方入场,同质化、套路化的节日营销玩法已很难再引起消费者注意。如何突破固有"痛点"实现真正的"跨界出圈",作为"物联网汽车创领者"的一汽奔腾给出了这样的答案。奔腾T33上市会创新社会化发布形式,通过搭载微博年度重磅品牌活动"2019微博超级红人节",配合高层端与红人端的创新联动,线上线下资源的同频共振,成功打造新车上市爆点,最大化提升品牌及产品认知,产生"1+1>2"的传播效果。

【思考】一汽奔腾T33借网络"造势",关注、点赞、评论、转发和热搜话题成为助力引流的新秘籍。这其中所使用的数字营销,使企业和产品顺利"跨界出圈"。那么,什么是数字营销呢?

一、数字营销的概念

数字营销是使用数字传播渠道来推广产品和服务的实践活动,能够以一种及时、相关、定制化和节省成本的方式与消费者进行沟通。

数字营销是基于明确的数据库对象,通过数字化多媒体渠道,比如电话、短信、邮件、电子传真、网络平台等,使用众多的数字战术和策略来与客户建立联系,实现营销精准化、效果可量化(数据化)的一种高层次营销活动。

数字营销之前曾被看作是特殊领域的独立营销形式,但是,由于它提供了相同的受众沟通方式(以数字形式出现),目前已经被看作是能够涉及绝大多数的传统营销领域(如复直营销)的营销形式。

数字营销是营销进化的结果。当一家公司大多数的营销活动都使用数字媒体渠道时,进化就发生了。数字媒体渠道是可寻址的,也让营销人可以对每位消费者进行持续的、双向的与个性化的对话。这种数据运作的模式就像神经网络一样,从一个消费者传递到下一个消费者。营销人员能持续地利用实时的行为信息和顾客的直接响应来完善和优化互动行为。

二、数字营销的特点

1. 集成性

数字营销实现了前台与后台的紧密集成,这种集成是快速响应客户个性化需求的基础。数字营销可实现由商品信息至收款、售后服务一气呵成,因此也是一种全程的营销渠道。企业可以借助互联网络将不同的传播营销活动进行统一设计规划和协调实施,避免不同传播的不一致性而产生的消极影响。

2. 个性化

数字营销按照客户的需要提供个性化的产品,还可跟踪每个客户的消费习惯和爱好,推荐相关产品。数字营销是一种低成本与个性化的营销方式。不仅是售后服务,在客户咨询和购买过程中,企业便可及时地提供服务,一对一帮助客户完成购买行为。

3. 交互式

数字营销能够实现交互式营销,用户可以主动、实时参与到营销活动之中。这种参与可以是有意识的询问、在一定程度上对原有信息和程序进行改变,也可以是随机的、无意识的点击等行为,还可以在后续的售后服务等方面实现交互。

4. 低成本

通过在网上发布信息,企业将产品直接向消费者推销,可缩短分销环节。发布的信息谁都可以自主地索取,可拓宽销售范围。这样可以节省促销费用,从而降低成本,使产品具有价格竞争力。前来访问的大多是对此类产品感兴趣的客户,受众准确,避免了许多无用的信息传递,也可节省费用。还可根据订货情况来调整库存量,降低库存费用。

5.灵活性

营销产品的种类、价格和营销手段等可根据客户的需求、竞争环境或库存情况及时调整。数字营销的一对一服务,留给客户更多自由考虑的空间,避免冲动购物,可以在更多地比较后再做决定。网上服务可以是24小时的服务,而且更加快捷。

由于利用了数字产品的各种属性,数字营销在改造传统营销手段的基础上,增加了许多新的特质。基于以上特点,数字营销具有许多前所未有的竞争优势:能够将产品说明、促销、客户意见调查、广告、公共关系、客户服务等各种营销活动整合在一起,进行一对一的沟通,真正达到营销组合所追求的综合效果。这些营销活动不受时间与地域的限制,综合文字、声音、影像及视听,用动态或静态的方式展现,并能轻易、迅速地更新资料,同时消费者也可重复地上线浏览查询。综合这些功能,数字营销相当于创造了无数的经销商与业务代表。

三、数字营销的种类

1.搜索引擎优化

搜索引擎优化(SEO,Search Engine Optimization)就是优化企业的网站,使其在搜索引擎结果页面中排名更高,从而增加网站获得的自然流量或免费流量。

2.内容营销

内容营销(Content Marketing)是指创建和推广优质内容,目的是创造品牌意识,增加流量,获得潜在客户。

3.社交媒体营销

社交媒体营销(Social Media Marketing)是在社交媒体渠道上推广品牌和内容,以提高品牌知名度和流量,并为企业创造潜在客户。

4.点击付费

点击付费(PPC,Pay Per Click)是一种常见的互联网广告类型。PPC代表广告商为每次点击广告所支付的费用。

5.联盟营销

联盟营销(Affiliate Marketing)是一种基于表现的广告,商家在自己的网站上推广别人的产品或服务,就可以获得佣金。

6.原生广告

原生广告(Native Advertising)指的是以内容为主导的广告,一般与其他非付费内容一起在一个平台上出现。

7.营销自动化

营销自动化(Marketing Automation)指的是实现自动完成基本营销操作的软件或流程。

8.电子邮件营销

很多公司会使用电子邮件营销(Email Marketing)作为与受众沟通的一种方式。电子邮件通常用于推广内容、折扣和活动,以及引导人们访问企业的独立站。

9.网络公关

网络公关(Online PR)是指通过数字出版物、博客和其他基于内容的网站来完成的公关工作。它与传统的公关很相似,只是地点变成在网络上。

10.集客营销

集客营销(Inbound Marketing)是一种新出现的营销方法,通过使用这种方法,企业可以在购买者旅程(buyer's journey)的每一个阶段吸引和愉悦潜在客户。

11.赞助内容

赞助内容(Sponsored Content)是指一家公司或实体以某种方式讨论某个品牌或服务的内容,然后品牌向其支付费用。

任务二　了解全球数字营销新趋势

项目导入

GDMS全球数字营销峰会

2021年6月29日到30日,以"私营定制"为主题的第七届GDMS全球数字营销峰会在中国上海跨国采购会展中心举办。此次大会持续两天,共设有一个主会场和三个分会场,同时进行VCON新锐品牌展及星创奖颁奖盛典,从订制化服务、大数据驱动、私域流量、社交电商、新零售营销等不同维度,直击当下品牌营销的痛点,解析以Z世代为主体的市场新变化。

【思考】在"互联网+"时代,为什么越来越多的企业重视数字营销?数字营销的未来将如何发展?

如今,随着互联网的发展,数字营销已经能够涉及绝大多数传统营销的领域,它的覆盖范围非常广,而且其中还包括了很多不需要互联网的沟通渠道。如今,数字营销已经涉及手机短信、H5页面、网络视频广告、社交媒体、数字户外广告以及多屏互动等多个领域。数字营销越来越社会化、常态化,越来越多的品牌在数字营销领域创造出了新的可能,在得到效益的同时,我们也看到了数字营销的无限潜力与未来发展趋势。

一、全球数字营销的现状

数字营销是一种以数据为驱动的新兴市场营销手段。凭借数字化信息和网络媒体的交互性,一批批数字营销企业如势不可挡的车轮,以摧枯拉朽之势颠覆传统营销市场。

以互联网和大数据为核心的商业模式正在颠覆着整个产业生态,众多企业在数据化的浪潮中加速整合。一方面,5G时代和大数据技术带来的技术升级,为数字精准营销的发展提供了肥沃的土壤,撼动着传统营销市场的霸主地位。另一方面,随着互联网媒体资源的不断集中,利用互联网来进行营销,能够收集受众各方面的数据,更方便获得精准营销所需的资源。凭借着数据挖掘、文本分析、人工智能等技术,数字营销通过收集受众的年龄、性别、浏览习惯等各个方面的数据,勾画出受众的喜好,逐渐替代以往粗放的营销方式。

(一)全球数字经济发展迅速,趋于成熟

随着互联网的普及,以及精准化程度高、性价比高、媒体质量优等优势,互联网广告迅速崛起,不断冲击传统媒介,市场份额持续上升。互联网广告规模占整体广告市场规模的比重逐年上升。随着互联网广告市场呈"放缓型"增长态势,数字营销正走向成熟。

从产品与服务价值链供应端的数字化转型角度出发,营销可分为战略管理、深度分析、产品研发、先进制造和数字营销。数字营销主要涉及产品和服务在互联网和社交媒体等新型渠道的营销和推广。数字营销已经成为数字经济中的重要一环。

(二)技术驱动数字营销不断进化和迭代

纵观全球数字营销的发展,数字营销在产业链上的角色和功能的变化与互联网媒体形态的发展密切关联。数字化早已成为人们的生活常态,广告投放的渠道也必然随着消费者注意力的转变而发生变化。随着数字营销技术持续精进,更多的广告主愿意在数字营销上投入金钱。数字营销从门户网站展示广告、搜索营销,逐步拓展到社会化营销、视频营销、内容营销等形态,并不断融入新的技术元素,技术成为推动数字营销生态发展的根本动力。

(三)数字营销专业人才匮乏

技术的不断进步让营销发生了转变,从单向思维模式的传统营销过渡到以数据为指导的数字营销。随着时代与新技术的不断变迁,数字技术为营销赋能的手段逐渐成熟,在多个领域与层面的实践中帮助品牌营销实现大跨越。伴随着数字经济的深入发展,数字营销改变了诸多传统行业的商业逻辑,带来大量的新兴领域的就业

机会。

数字化推动营销的连续性创新变革,不断为营销行业带来全新的创新作业模式,也催生了对于人才能力升级的需求。

(四)数字营销困境仍存在

数字营销既有着蓬勃发展的前景趋势,也面临着复杂环境的挑战。市场营销环境处在快速数字化进程中,各类数字媒介渠道迭代传统媒体成为投资重点。在数字营销中,投放广告的效果需达到预期目的,广告主普遍认为品牌目标(强化品牌形象及提升品牌认知)及效果目标(提升销量)都很重要,品效目标正在重构。企业在注重品牌目标,特别是品牌形象的建设的同时,还会注重消费者关系维护。

二、全球数字营销的趋势

新时代下的数字营销不仅是一种技术手段的革命,而且包含了深层的观念革命。它是目标营销、直接营销、分散营销、客户导向营销、双向互动营销、远程或全球营销、虚拟营销、无纸化交易、客户参与式营销的综合。相对于报纸、杂志、广告牌、电视广告、广播电台节目呈现的传统营销,数字营销在数字经济时代趋势下,呈现方式异彩纷呈,如微信、微博、H5、短视频和内容营销。数字营销除了高精准、可跟踪、互动率高、全方位覆盖,用数字手段优化营销之外,实际上还代表着一种为企业和品牌"打破僵局"的可能性。从门户网站到较为成熟的精准营销,数字营销已经从单纯的文字、声音、影像投放发展为深挖消费者需求、高效推广的重要手段。目前数据挖掘分析的技术已得到广泛应用,也为互联网营销创造出更多价值挖掘空间,无论是传统企业还是资本大鳄都想在这个风口有所作为。这也让"巨头"和数字营销企业的并购整合,掀起了一股资本热潮。

数字经济的高速发展带来了媒体的高速发展和人们生活节奏的加快。在数字经济时代,传统企业实现数字化时,必须把数字营销作为一个重要的方面来关注,变革原本不能满足需要的营销思想、模式和策略,创新营销方式。与数字管理、智能制造一道,数字营销作为一个热点,将成为数字企业的三个重要组成部分之一。一般来说,在充分竞争的市场上企业只能得到正常利润,如果想得到超额利润,那就必须创新。

数字营销赋予了营销组合以新的内涵,其功能主要有信息交换、网上购买、网上出版、电子货币、网上广告、网上公关等,是数字经济时代企业的主要营销方式和发展趋势。全球数字营销呈现以下趋势:

(一)数字营销投资信心整体正向,移动互联网投资意愿高

互联网时代,数字营销效果对企业经济潜力起到重要作用,企业对于数字营销的

信心增大,整体营销投入不断增加,数字营销投资信心整体正向,实际投资费用不断增长。全球数字营销预期增长与企业整体营销投入增长一致,不确定性较高的国际环境因素并没有影响企业数字营销的信心。数字营销投资整体呈现企业规模越大、越增长,企业风格越新锐、越增长的态势。

针对不同的媒介资源类型,移动端仍是目前企业营销投资的主要选择,移动互联网的投放不断增加,NEW TV 和 PC 互联网也在增加投入。

(二)短视频、KOL、信息流广告是最受欢迎的广告形式

在数字网络端分资源类型的投放中,短视频和社交媒体位列第一阵营,加大短视频和社交媒体投放力度的企业越来越多,电商平台和直播紧随其后。近几年,短视频的关注度持续上升,KOL 营销的热度较高,比例稳定。具备转化和带货能力的短视频广告、KOL 广告、信息流广告优势更为显著,成为企业投资重点。

数字营销中社会化营销预期不断增长,内容营销投资重点偏向网络,成熟及新锐企业将增加社会化营销投入,短视频和 KOL 成为社会化营销重点,社群运营和私域流量也受到更多关注。使用内容营销,网络端相比较其他方式更具投资优势。

(三)交互将成为数字营销重要方式

现在关于营销的认知,已经由"传播"发展成为"对话",这在极大程度上改变了营销人员和相关受众沟通的方式。企业营销人员和受众沟通时,回答的内容将更为真实,传递的信息相关度将更强,内容质量将更高。

企业可以使用平台来获得反馈,实现互动转化。在平台互动过程中,企业可以持续衡量受众对品牌的卷入度,实现数字营销往更新、更高效的交互模式发展。企业如何借助移动营销适时、适地、适情地直击用户需求,打破时空距离,满足用户心理则成为其不断探索的核心方向。

多元化世界导致数字营销也变得多元化。企业要顺应数字营销潮流,一是掌握市场规则,与平台共舞;二是拥抱新业态,尤其在新的窗口机会下,重新建立产业链、价值链定位;三是扎根用户端,了解、引导本地需求;四是进行系统化的思考,摆脱贸易思想、运营思想,建立更全面的数字贸易营销系统。

三、VR、AR、MR、大数据、人工智能在数字营销中的应用

蒸汽机、内燃机、电动机、信息技术等都是对人类经济社会产生广泛且深远影响的革命性技术,当前,VR、AR、MR、大数据、人工智能技术所带来的革命性体验,成为未来社会发展的风向标,同时也渗透到数字营销领域。

随着新经济全媒体时代的到来,一个真正的互动环境产生,信息不再是依赖于传播者发出,而是在传播者、受众双方的交流过程中产生。受众对信息获取渠道的可选

择权增强,使广告主体夸大或回避产品部分功能的宣传策略所达到的效果被削弱,消费者更加注重体验营销环节给自身带来的良好感觉。因此,广告内容的真实性和主、客体间的沟通作用日益凸显。

网络媒介的产生,一方面实现了信息交互式的传播,另一方面导致信息爆炸,使其真实性难以得到保证。交互式传播在充分调动受众积极性的同时,要求大量信息的产生来满足受众需求。而VR(虚拟现实)技术的出现,可以让消费者随时随地得到身临其境的购物体验,一定程度上能够最大化地实现广告商的宣传效果和满足受众的购买心理。

(一)VR在数字营销中的应用

VR(Virtual Reality,虚拟现实)技术,综合了计算机图形技术、计算机仿真技术、传感器技术、显示技术等多种科学技术,在多维信息空间上创建一个虚拟信息环境,使用户具有身临其境的沉浸感,具有与环境完善的交互作用能力,并有助于启发构思。

较传统广告而言,VR广告具有天生的优势与独特的卖点,其似乎是为顾客体验营销量身定制。传统广告模式的电波、平面媒体,最多利用图文视频来发挥顾客的联想,使其想象产品的奢华、品牌的调性、产品的优势。VR技术的兴起,使体验营销与传播获得更进一步的发展,顾客借助虚拟方式体验产品、场景,产生更为丰富的感受。VR对提升品牌的好感度发挥了积极的效应。

VR的创新创造了一个新的内容营销分支。VR将互联网(和一般营销)带到新的地方,为产品演示提供了新的维度。

VR这种科技元素为厂商营销带来了很多创新的思路,借助这种新颖的视听感受,迅速吸引了一批消费者的注意,并成功达到数字营销的目的。企业可以利用3D技术和VR技术,打造一整套完善的"VR+"数字营销方案,让客户随时随地身临其境地了解厂商的各种产品和服务,有效缩短厂商与客户的时空距离,提升厂商企业形象,在实现企业形象、产品形象充分展示的同时实现精准营销。

目前,VR的广告形式主要有以下几种:

1.展示产品生产过程

消费者一般情况下看到的都是一些产品的成品,很少有人能够直观地看到产品的生产过程。尤其是一些食品类的产品,随着人们对食品安全重视程度的提高,能够确保食品生产过程的安全性成为人们实施购买行动的一大标准。

基于用户的此项需求,很多商家借助VR的科技手段,实现了展示产品生产过程的广告创意。例如,龙舌兰酒品牌培恩利用VR技术制作了酿酒过程的宣传片,让消费者体验从原料采集、发酵酿制一直到包装出售的全过程。奥利奥也曾通过VR广告展示其生产过程。

2.体验产品实际性能

对于房屋、汽车等品类的产品,可能通过简单的视觉展示无法实现产品的体验性。新型的 VR 广告则打破了这一界限,观众只要戴上 VR 眼镜观看广告,就可以置身广告场景中,体验产品的质量和性能。例如汽车 VR 试驾体验,这种广告形式比单纯的介绍更加生动,也更容易激起消费者的购买欲望。大众迈腾曾发布了一支 VR 广告,这则广告以电影情节的形式,让消费者通过 VR 试驾体验达到了解汽车主要性能的目的。

3.提供产品延伸服务

除去产品本身,服务也会成为一部分人消费产品的重要原因。VR 这种科技手段除了带来逼真的现实体验外,也为商家向消费者提供更为贴心的服务给出了创新思路。迪奥(Dior)就曾利用 VR 眼镜来为没有到达时装周现场的顾客提供延伸服务,他们可以利用 VR 眼镜 360°全景观看秀场表演,还可以看到台前幕后的准备情况。

> **小链接**
>
> 不列颠哥伦比亚省通过创建加拿大太平洋沿岸大熊雨林的 VR 体验,取得了成功。被称为"The Wild Within"的 VR 体验使旅游效果大幅提升。
>
> 万豪酒店通过为旅行者提供"VR 明信片",让旅行者将他们所在地区的风景录制成短片,剪辑后发送给其他人。这些明信片旨在让人们免费体验旅行,这有望吸引观众更多地旅行,并留在万豪酒店。在一项关于"VR 明信片"的调查中,51%的受访者表示他们希望更频繁地住在万豪酒店。
>
> 托马斯(Thomas Cook)启动了一项名为虚拟旅行社的 VR 体验。通过拍摄曼哈顿的天际线,让观众获得置身于直升机中的体验。这是一个简单的计划,它的效果非常好。托马斯从该项目中获得了 40%的投资回报率。

(二)AR 在数字营销中的应用

AR(Augmented Reality,增强现实),是一种实时地计算摄影机影像的位置及角度并加上相应图像的技术,这种技术的目标是在屏幕上把虚拟世界套在现实世界并进行互动。

AR 在消费者中越来越受欢迎,营销人员可以将其作为展现创意的渠道。该技术在各种营销渠道中得到广泛应用,人们只需要使用带摄像头和应用程序的移动设备就可以体验。

以前,AR往往作为社交和游戏的技术支持,但是未来AR将为沉浸式编辑内容和广告体验带来新机遇。很多技术企业越来越关注AR平台开发以及创建易于使用的新界面,未来营销人员可以轻松使用这项新技术。

1.AR营销

市场营销人员可以利用AR技术将虚拟世界和现实世界融合起来。使用AR技术时没有任何限制,要有大胆的想象力。企业市场营销部门可以有以下几种方式来实现AR营销:

(1)AR优惠券。鼓励顾客在店面使用AR优惠券。比如,顾客在店面打开了一个数字彩蛋,就可以给予一定的优惠。

(2)AR寻宝。通过在实体店设置一些AR互动环节,可以给顾客更高的参与感。比如,企业可以设计一款AR应用,使顾客能够在应用中查找店铺的虚拟地图并快速找到他们要购买的东西;或者可以在AR应用里面放入试用品领取的入口,详细展示商品的各个方面。

(3)线上线下融合。企业可以利用AR技术将线上购物和线下实体店的体验无缝结合起来。

2.互动AR广告

AR可以用于制作更具互动性的广告。企业通过使用先进的AR技术解决方案,可以快速定制AR广告。

AR是一项令人激动兴奋的新技术,未来将有大量我们现在想象不到的方式应用到营销中,然而AR技术是一项工具,要为广告目的服务,不能仅仅靠技术本身来打广告,得配合内容和创意。作为营销人员应该关注AR营销未来的发展前景以及利用AR做广告或营销的正确时机。

(三)MR在数字营销中的应用

MR(Mixed Reality,混合现实)是通过三维图像技术将真实世界移植至虚拟世界,并可以与虚拟数字对象共存、交互的技术。

MR与AR的主要区别在于,AR环境中的真实世界就是肉眼所及的世界,所有的互动元素只是叠加在现实影像上的一个个图层。而MR则会把现实的元素复制到虚拟世界中,进行识别,添加可与之互动的元素。

譬如,在AR环境中,你可以捕捉某动画角色,但它不会和真实世界中的元素互动;在MR环境中,如果你在餐桌上发现这个动画角色,它可能正在偷吃你的点心,如果你在沙滩上发现它,它可能半埋在沙堆里享受日光浴。而MR与VR的区别则在于,MR还原的是现实的世界,VR则是完全虚拟的空间。

现阶段,AR/VR技术已在许多行业中得到应用,MR也正在迎头赶上。未来,MR技术将主要帮助企业提升用户体验,提升工作效率,提升整体竞争优势,提高生产率和提升客服水平。

在医疗行业,通过将医学影像(如 CT 数据)转化为 3D 虚拟模型,医生可在 MR 世界中进行 3D 协作,共同观摩模型,发现病因并制订解决方案。

在零售行业,商家通过 MR 技术提供更为真实的产品体验。譬如家装卖场,可以还原消费者的居住环境,并实现家居用品的虚拟放置与步入式体验。这一模式同样被许多地产企业采用,提升售楼现场的体验环境。

而在制造业等行业中,身在不同环境的员工可同时进入 MR 会议空间,共同观摩同一段视频资料或产品 3D 模型,加强多地、多部门间的协同。

> **小链接**
>
> 阿里巴巴在淘宝造物节中应用了 MR 技术。其推出的"淘宝买啊"MR 应用,呈现了一个 300 平方米的"未来购物街区",消费者关注到的商品会被识别、数字化,并呈现与之相关的购物信息。另外,消费者还可以在其中与数字化的明星互动,解锁静态商品的动态展示影像,体验 MR 游戏,多维度提升购物体验。
>
> 威士忌品牌 The Macallan 开发了 MR APP,以配合品牌举行的"Gallery 12"展览。消费者可在展览现场通过 APP 了解品牌主推的两款酒品,也可以身临其境地感受威士忌起源地的独特风貌。人头马也推出过 MR APP,展示酒品的制作过程。搭载该 APP 的 HoloLens 被品牌安置在多地的零售店面内。
>
> 沃尔沃将 MR 技术应用在生产与营销环节。在生产环节中,设计师们可以共同观摩车型的数字化 3D 模型,在虚拟世界中合作修改设计细节;在销售环节中,消费者可通过 MR 观察汽车在遇到各类突发状况时的表现,无须亲身历险便可了解车型的各项安全性能。

MR 虽然是未来的发展方向,但其目前在营销领域的发展还处于相当早期的阶段。品牌在营销中运用该技术主要是为了获得技术带来的创新体验,并引发二次传播,而距离真正的、规模化的、可复制的实用还有一段距离。

但这并不是说当下品牌无须考虑 MR 技术,其所带来的新奇体验在媒体、社交传播中拥有相当大的影响力。尤其是注重用户体验的行业,如零售、房产、游戏等,以及注重品牌体验提升的品牌,如奢侈品品牌、各行业领军品牌等,都有必要关注 MR 的营销应用,从而提早布局。

在实战层面,目前主流的应用方式是在体验店、快闪店内设置 MR 硬件设备供消费者使用。同时,品牌也应注重 MR 体验与手机端体验的联动,让消费者在体验之后可以自然地进入下一步——去社交平台分享或者直接下单。譬如淘宝就要求现场体验用户登录自己的淘宝账号,在 MR 环境中直接将商品加入购物车,随后用手机下单。这种做法将在一定程度上提升 MR 营销的转化效率,让传播不只停留在体验阶段。

(四)大数据在数字营销中的应用

麦肯锡全球研究院将大数据定义为"无法在一定时间内使用传统数据库软件工具对其内容进行获取、管理和处理的数据集合"。狭义上的大数据就是人们由于使用计算机连接互联网而产生的所有数据。在互联网已经普及的当下,网络技术和云计算的运用,使得网络用户的网络痕迹能够被追踪和分析处理,从而导致了企业营销体系变革。大数据营销被提到日程上来,大数据营销是基于大量数据,依托互联网的一种新型营销方式,多衍生于互联网行业,但传统行业将会把大数据营销作为营销战略不可缺少的重要一环。

进行精准有效的数字营销,与对品牌忠实受众的把握,对潜在受众的了解息息相关。网络中庞杂的信息使得客观数据成为重要的品牌受众调查与营销策划的支撑。近几年来,数字营销发展迅速,公关活动、事件营销与广告相结合的整合营销效果突出,其中对于大数据的挖掘与分析功不可没。

1.大数据实现精准化营销

精准化营销,是指在精准定位的基础上,依托现代信息技术手段建立个性化顾客沟通服务体系。大数据时代下,消费者细分更加精细。随着移动互联网的普及,互联网数据能够使企业拥有更多对消费者或者潜在消费者消费行为特征的描述。通常一个消费群体会有一个固定的消费偏好和位置偏好,企业利用大数据,比如进行浏览偏好分析,点击偏好分析,兴趣组分析等,可以做到个性化的私人订制。

2.大数据实现信息共享

互联互通是大数据营销的关键,亚马逊、IBM 等国际知名企业利用大数据营销,通过对海量数据的挖掘和分析,进行大数据管理咨询,形成大数据标准化,梳理所有可以获得的数据库,最终以大数据情报分析作为结果,寻找出企业掘金的新方向。

(五)人工智能在数字营销中的应用

人工智能(Artificial Intelligence,缩写为 AI)亦称智械、机器智能,指由人制造出来的机器所表现出来的智能。通常人工智能是指通过普通计算机程序来呈现人类智能的技术。

人工智能在未来的数字产品中是不可或缺的,而且在营销领域更是如此。

1.AI 将使内容创建比以往更高效

人工智能减少了执行日常任务所涉及的认知工作量,对于制作创意内容也非常有用。将来,使用人工智能推动内容创建可能将成为营销人员日常工作流程的正常组成部分。实际上,一些新闻机构(包括美联社和华盛顿邮报)已经在使用基于人工智能的解决方案来自动提交现场新闻报道。

现在可以使用人工智能驱动的创作工具,比以往更快(更具创造性)地制作营销内容,而不必向内容代理商或作家团队支付大笔资金。

2. 电子邮件营销可以利用 AI 实现个性化营销

除了内容创建,AI 还可以帮助营销人员扩展他们的电子邮件营销工作。当使用诸如受众和分段数据之类的输入时,基于 AI 的营销平台将能够自动创建对于正在查看它的人动态个性化的内容。拥有动态个性化内容也将提高开放率。想象一下,能够发送一批电子邮件,其中每封电子邮件的主题行都是根据每个收件人的兴趣和购买模式量身定制的。能够在如此精细的水平上进行高级个性化是非常强大的,营销人员未来可以深入研究在他们自己的组织中利用 AI 的个性化功能的方法。

3. AI 可以帮助提高网络上的转化率

人工智能可以帮助电子商务企业进行网站搜索。利用人工智能向消费者展示产品推荐和有用的提示,在他们最需要的时间,完成信息的传递。

世界领先的品牌已经开始在自己的营销渠道中利用这项技术,而且取得了很好的效果。

4. 使数字广告更加高效和个性化

随着人工智能的出现,数字广告功能将在所有行业中变得更加高效和个性化。人工智能使品牌和零售商能够最大限度地减少广告支出的浪费。大部分广告浪费可归因于机器人在线进行的广告欺诈,基于人工智能的数字广告解决方案可以帮助营销人员在潜在威胁发生之前识别并避免这些威胁。这确保了广告费仅用于寻找真正的消费者。

人工智能显然引发了数字营销领域的革命。虽然它仍处于早期阶段,但已被证明是该技术的一些创新用例的关键。特别是在内容创作方面,人工智能正在迅速崛起,成为人类在某些类型的创意上的核心竞争力。随着越来越多的公司开发创新算法,只需按一下按钮即可创建更具吸引力的内容,该技术在内容空间中的使用范围将会增加。

随着 VR、AR、MR、大数据和人工智能的不断发展,数字营销模式随之革新,消费者将更全面了解企业、品牌和产品,营销人员也将有一个独特的机会,比以往更深层次地了解和联系消费者。

项目总结

本项目着重介绍跨境电商数字营销的概念、全球数字营销的发展以及趋势。本项目思维导图如下:

```
认识跨境电商数字营销 ─┬─ 认知数字营销 ─┬─ 数字营销的概念
                   │              ├─ 数字营销的特点
                   │              └─ 数字营销的种类
                   └─ 了解全球数字营销新趋势 ─┬─ 全球数字营销的现状
                                          ├─ 全球数字营销的趋势
                                          └─ VR、AR、MR、大数据、人工智能在数字营销中的应用
```

同步训练

一、选择题(不定项选择)

1. 数字营销的特点包括(　　)。
   A. 集成性　　　B. 个性化　　　C. 交互式　　　D. 低成本
   E. 灵活性

2. 最受欢迎的广告形式包括(　　)。
   A. 短视频　　　B. KOL　　　C. 高速广告　　　D. 信息流广告

3. VR的广告形式主要有以下几种(　　)。
   A. 展示产品生产过程　　　　　　B. 体验产品实际性能
   C. 提供产品延伸服务　　　　　　D. 促成交易

4. MR是指(　　)。
   A. 虚拟现实　　　B. 混合现实　　　C. 增强现实　　　D. 人工智能

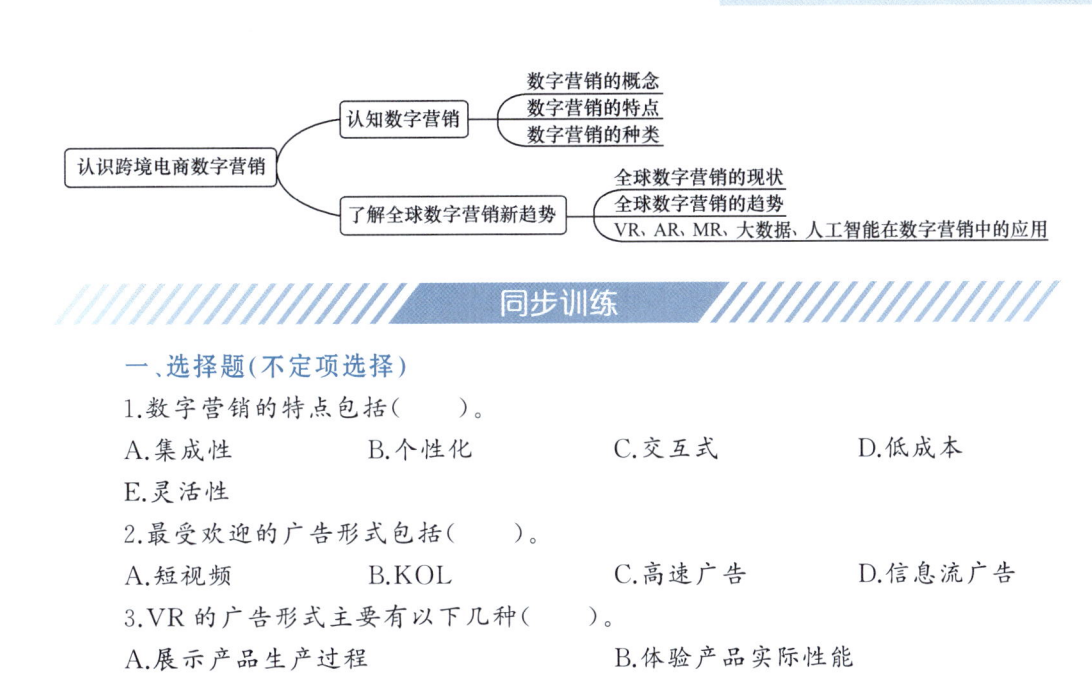

二、简答题

1. 什么是数字营销？
2. 数字营销的类型有哪些？

三、实训任务

请以小组为单位,通过网络检索、文献查阅等方式,找到一个知名企业跨境电商数字营销的案例,分析案例中使用了哪些数字营销方法、该企业为什么会选择此数字营销方法、给我们什么启示。

项目二

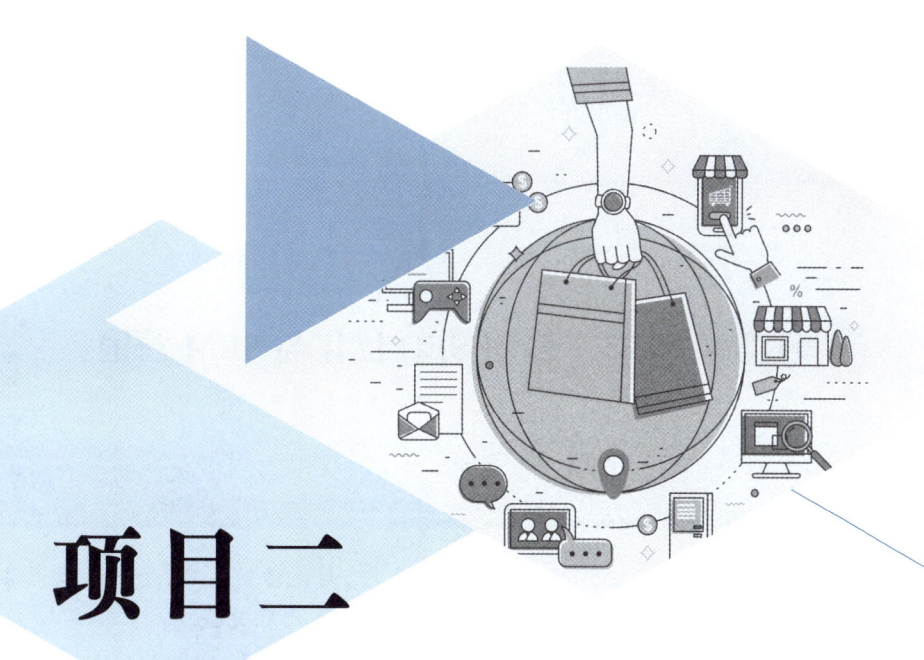

运用 SEO 与 SEM 开展跨境营销

学习目标

知识目标

- 了解 SEO 优化与 SEM 营销的含义和影响因素。
- 熟悉 SEO 优化与 SEM 营销的推广步骤。
- 掌握 SEO 优化与 SEM 营销推广的操作。

技能目标

- 能够熟练掌握 SEO 优化的操作步骤。
- 能够熟练掌握 SEM 营销推广的操作步骤。

素质目标

- 培养法律意识,能够在运用 SEO 与 SEM 开展跨境营销时遵守各项政策法规。
- 学会分析问题,提升整体素养。

任务一　认识 SEO 优化与 SEM 营销

项目导入

小雅是一家 3C 数码配件网店的推广负责人,大促活动之后,店内爆款商品的免费流量占比逐渐降低,通过自然搜索进店的访客数也比往日减少。

为了能够使店内的爆款商品获得更多免费的自然流量,小雅决定对店铺内某品牌 20 000 毫安大容量充电宝进行关键词挖掘,为后面的 SEO 优化提供一个完整的关键词词库。

一、SEO 优化的概念

SEO,是 Search Engine Optimization 的英文缩写,中文译为"搜索引擎优化"。具体是指在了解搜索引擎自然排名机制的基础上,对网站进行内部及外部的调整优化,改进网站在搜索引擎中的关键词自然排名,获得更多流量,从而达成网站销售及品牌建设的预期目标。

二、SEO 优化的影响因素

网站建设好了就需要进行 SEO 优化,这样网站才会有更好的排名及更多的流量。那么,有哪些因素可能会影响 SEO 优化排名呢?

(一)服务器、网站安全设置不完整

如果服务器不稳定,网站经常打不开,搜索引擎就不能正常抓取网站网页。网站安全设置不够或不完善,就会出现网站被黑、挂黑链等结果,轻则网站被降权,重则网站被关,甚至出现网站目标关键词与长尾关键词的排名骤降的情况。

SEO 优化的影响因素

(二)网站改版

在进行 SEO 工作时尽量不要修改网站的三大标签。根据以往数据,凡是网站改版、网站标题修改,或多或少都会造成网站排名波动的情况。因此,如果网站已经有一定排名,尽量少进行网站改版、标题修改或描述修改。网站保持长时间稳定是网站权重不断积累的必要因素。

(三)网站内容质量比较差

(1)新添加的内容主题和网站中心主题相关性比较低。如果更新和网站主题相关性比较低的内容,就可能造成排名波动。例如一个网站是介绍 SEO 的,却更新了程序开发相关内容,就会出现不仅用户不感兴趣,搜索引擎也不感兴趣的结果。

(2)新添加的内容质量比较低,不是读者喜欢的高质量内容,造成跳出率增加,影响网站排名。

(四)搜索引擎算法的更新改变

网站关键词排名不稳定的原因,很可能是搜索引擎的算法调整。每次算法更新都会影响到一部分的网站。如果同类型网站的排名也在相同的时间段内有降低的情况,那也可能是搜索引擎算法更新调整导致的。

(五)友情链接出现故障

企业要经常检查友情链接,因为一旦友情链接出现故障,就会导致自己网站的关键词排名、权重、收录等数据出现下降。友情链接好比是一个圈,把几个网站圈在一个圈内,互相扶持,一旦出现一个故障,可能就会被认为这圈内的网站都是不好的,会被拉低排名。

(六)外链质量和丢失率

外链对网站关键词排名是非常有帮助的。外链一般来自论坛和博客等平台,但是这些外链平台的丢失率非常高。一旦出现封号等情况,之前发布的外链就会全部丢失。当搜索引擎再次访问时,这些链接会变为无效的。而这些无效的链接也导致网站的权重和排名大幅度降低。

(七)用户体验度低

一个稳定的网站关键词排名,需要良好的用户体验支持。体验度不高,访客就不会深入了解,网站跳出率肯定会很高。网站跳出率高,搜索引擎会判断这个网站的价值不高,降低网站排名。

总之,网站排名稳定的决定性因素是网站知名度和用户忠实度。如果一个网站具备这两个因素,那么网站的排名就会非常稳定,如果没有具备这两个因素,那么排名波动也是自然的。

三、SEM营销的概念与特点

(一)SEM营销的概念

SEM是Search Engine Marketing的英文缩写,中文意思是"搜索引擎营销"。SEM营销指的是全面、有效地利用搜索引擎来进行网络营销和推广。SEM追求的是以最小的投入,获得最大的来自搜索引擎的访问量,并产生商业价值。它是一种新的网络营销形式,它包括SEO、付费广告、广告分类、搜索竞价等。

(二)SEM营销的特点

1.已经延伸到人们生活中的每个角落

对于广大网络用户来说,获取大量的商品和服务信息早已不是问题。要想让企业的商品和服务信息,在众多的信息中脱颖而出,引起用户的关注,搜索引擎有着无法忽略的商业价值。

(1)搜索引擎帮助用户找到想要找到的资料。

(2)搜索引擎通过自身的算法,尽量让用户搜索请求相关度高的内容出现在搜索结果靠前的位置。

(3)搜索引擎是网络用户经常使用的第二大网络服务,让自己的网站被用户搜索到,是新的营销方向。

2.用户主动查询,针对性强

网络用户使用搜索引擎,就是想找到自己需要的信息,客户的需求通过关键词表现出来。当你的网站能够提供给客户有用的信息,并且出现在相关搜索结果的前列时,定能取得很好的营销效果。

3.能够获取新客户

在获取新客户方面,搜索引擎发挥了重要的作用。对于已经拥有网站的企业来说,登录搜索引擎是网站宣传推广最直接、最有效的途径之一,也是最重要的网络营销方法之一。

4.竞争性强

每个企业或网站都希望自己的信息出现在搜索引擎结果中靠前的位置,否则就意味着被用户发现的概率低,因此,对搜索引擎结果排名位置的争夺成为许多企业网络营销的重要任务之一。

5.动态更新,随时调整

根据企业产品和服务内容的变化,随时调整与更新广告发布的内容和网站内容,为客户提供及时的资讯,吸引更多新客户,留住更多老客户。

SEM营销的特点

6.门槛低,投资回报率高

搜索引擎是开放性的平台,门槛比较低。任何企业,都可在搜索引擎上推广宣传,且机会均等。与传统广告和其他的网络推广方式相比,搜索引擎网站推广更实惠、更有效。

四、SEO 优化与 SEM 营销的服务方式

(一)SEO 优化

SEO 优化的本质是一种流量获取方式,它根据搜索引擎的搜索规则来提高网站在搜索引擎中的排名。一般而言,排名越靠前,带来的流量也就越多,对于网站知名度的提升或销售量的增加无疑都具有至关重要的作用。特别是在当下,跨境电商平台的竞争愈加激烈,平台卖家(在亚马逊、ebay 等电商平台上开设店铺的卖家)利润率不断受到挤压的背景下,越来越多的企业开始建立独立站或者自建站来实现跨境营销。而独立站和自建站卖家与平台卖家相比,最需要解决的就是流量问题。在此背景下,SEO 优化的重要性不言而喻。如图 2-1 所示,SEO 优化可以从以下方面考虑:

图 2-1　SEO 优化

1.内容优化

内容优化是指搜索引擎需要把优质内容展示给用户,实现其搜索价值。搜索引擎之间也存在竞争,用户会逐渐放弃长期搜索结果不尽如人意的搜索引擎,留下能够给其提供更精确、优质内容的搜索引擎。因此,搜索引擎在后台设置算法时,会充分考虑内容的优质与否,尽可能地将优质的内容推送给用户。

那如何才能创造出更优质的内容呢?

首先,最好选择和网站主题相关的内容,在相关领域做到主题明确、内容专业。这样,一方面更有可能因为优质的内容取得更好的排名;另一方面,对于用户进入网站后期的转换率也有帮助。很明显的是,通过搜索网站相关内容而进入的用户会比搜索与网站主题内容相距甚远的内容而进入的用户更有可能最终达成交易。毕竟搜索的初衷很大程度决定了最终订单成交的客户主观意愿。

其次,内容的原创性是目前争取更多流量的重要因素。互联网发展至今,信息的多少已经不再是核心决定因素,信息的独特性和原创性在当前显得更为重要。特别是未来的消费主体逐步迭代为"00后"。"00后"作为未来的消费主体,他们更有个性,更在乎自己是不是独一无二的。因此,具有原创性的内容,更容易在未来的市场中获得用户流量。

最后,在目前信息大爆炸的环境下,要提高网站内容的更新频率。喜新厌旧是人类的天性。本质上来说,输出内容是否及时也是内容优质与否的一个重要方面。一方面,专业并且前沿的内容更容易提升网站的搜索引擎结果排名;另一方面,提供最新的、多变的内容,更有助于提高网站的用户黏合度。

2. 关键词优化

SEO关键词主要分为两个部分,一个是网站内容中的关键词,另一个是技术标签上的关键词。网站内容中的关键词通常密度在2‰～8‰比较合适。而技术标签上的关键词主要包含keywords和description。通过网页源代码工具可以设置这个标签的表示方式。

3. 链接优化

链接优化可以分为内链优化和外链优化。内链优化是指让用户、搜索引擎能用最简单的方式找到那个网站。搜索引擎早期对动态网址识别有难度,随着人工智能等高科技的发展,即使搜索引擎已经能够识别动态网址,但依旧不友好,世界上大多数知名的网站都是静态网址。外链优化是指通过点击别人的网站能够访问自己的网站。外链建设难度比较大,需要较多的其他网站资源。

(二) SEM 营销

简单来说,SEM营销就是基于搜索引擎平台的网络营销,利用人们对搜索引擎的依赖和使用习惯,在人们检索信息的时候将信息传递给目标用户。SEM营销的基本思想是让用户发现信息,并通过点击进入网页,进一步了解所需要的信息。那么,如何实现SEM营销呢?可以从以下几个方面考虑:

1. 网站因素

网站作为推广的着陆点,网站的打开速度、网站内容以及用户体验直接影响转化,做好网站优化和运营可以使效果提高几倍。

2. 品牌因素

营销过程中企业品牌因素的影响可以说是不稳定的。SEM推广要根据企业品牌不同的影响力阶段合理设置投放预算及投放渠道,从而获得更好的效果。品牌已经形成影响力,容易实现销售转化。

3.投放优化因素

广告在投放后需要不定期优化，不同的搜索引擎有不一样的投放规则以及媒体特征，还会涉及调整预算、季节因素、素材、用户定位、地域性、创意等各个方面。投放优化无止境，用专业能力去优化投放，可以有效节省资金，提升优化效果。

4.搜索引擎因素

不同的搜索引擎市场份额不同，受众属性各异。在SEM推广中要根据企业的品牌定位、产品及地域特点等，选择合适的搜索引擎进行投放。

5.行业及业务因素

不同的行业和同行业内不同的业务在SEM推广中表现出来的效果大相径庭，在进行SEM推广预估及优化过程中要考虑这方面的影响。教育行业、汽车行业、金融行业等往往有比较好的SEM推广效果。

6.广告形式因素

公司SEM在设置推广KPI的时候就应该对投放广告的形式有所侧重。注重品牌展示的推广可以选择网盟产品，注重效果的推广则可以选择竞价推广。在推广的过程中品牌及效果的推广权重不同，但很少有公司进行单方面的推广。

五、SEO优化与SEM营销的联系与区别

SEO和SEM都是基于搜索引擎的、以关键词为主的网络营销方式。但是SEO与SEM之间存在许多的不同点。

更透彻地说，SEO是通过不断的尝试来反推各搜索引擎背后的算法，再根据推测出的算法进行针对性优化，最终提升网站排名，获取更多搜索流量，其重点为"优化"。而SEM则更侧重于搜索引擎本身的推广系统的使用，关键词出现的次数、费用的高低，为网站带来多少流量，投入产出比如何等，其重点为"营销"。

根据以往的经验，SEO和SEM在效果上的主要区别如下：

（一）SEO见效慢，流量精准

SEO属于自然流量的一种，因此在做SEO优化的时候，它的时间相对而言会久一些。但是关键词优化上去后，排名相对稳定，即使短时间内不再做优化，也不会使排名下降。

（二）SEM属于付费流量，见效快，不精准

SEM属于付费流量，它相比SEO而言见效会更快一些，但是它的用户量大，跳出率也比较大。

任务二　SEO优化推广实践

项目导入

Mary是一家品牌手机网店的速卖通推广负责人,"黑色星期五"大促活动之后,店内爆款商品的免费流量占比逐渐降低,通过自然搜索进店的访客数也比往日要少。

为了能够使店内的爆款商品获得更多免费的自然流量,Mary决定对店铺内"Original PPTV VI Mobile Phone 5.0 Inch Android 5.1 MT6735P Quad Core Smartphone 16GB 4G FDD-LTE Fingerprint PP5200 Cellphone"产品进行关键词挖掘,为后面的SEO优化提供一个完整的关键词词库。

一、分析、选取、匹配SEO关键词

(一)分析SEO目标关键词

目标关键词是指网站首页要做的关键词,一般是能为网站带来较多的目标流量的关键词。通俗地讲,目标关键词就是网站产品和服务的目标客户可能用来搜索的关键词。

(1)目标关键词一般作为网站首页的标题,关键词数量控制在3~5个为宜。

(2)目标关键词在搜索引擎每日都有一定数目的稳定搜索量。

(3)目标关键词一般是由2~4个字构成的一个词或词组,名词居多。

(4)搜索目标关键词的用户往往对网站的产品和服务有需求,或者对网站的内容感兴趣。

(5)网站的主要内容围绕目标关键词展开。

(6)目标关键词一般都是网站首页定位优化的关键词,常放在首页的标题以及关键词设置栏中。

(7)目标关键词是有热度的词语,每天都有部分用户通过该词在搜索引擎进行搜索。

(8)目标关键词需围绕网站产品和服务来设定,网站的主要内容围绕目标关键词展开。

(9)用户在百度搜索目标关键词出来的站点大多是网站的首页或者二级目录页面。

（二）挑选 SEO 目标关键词的渠道

（1）观察百度搜索下拉列表框（如：输入"广告"后出现的与之相关的词）。下拉列表框列出来的词是有一定搜索量的词，所以我们将这些词作为我们的预选目标关键词。

（2）百度相关搜索。

（3）百度指数。

（4）站长工具。

（5）同行借鉴。

（三）匹配 SEO 目标关键词

1.预选目标关键词

用百度指数分析（index.baidu.com）搜索并获取预选目标关键词，查看季度的用户关注度能体现出该预选关键词的搜索量。

2.分析目标关键词的竞争激烈程度

搜索流量较大的预选目标关键词，查看百度前三页词条有多少是内容页，有多少是网站首页，如果前三页有超过 10 条内容页，说明这个词我们用首页能比较容易做出一个好的排名。再看一下右上角相关文章的数量，也可以衡量出竞争激烈程度。

3.确定目标关键词

通过以上方法可以很容易地确定哪些预选目标关键词能成为我们的目标关键词。

（四）注意事项

1.标签的写法

（1）关键词1_关键词2_关键词3—品牌词。

（2）关键词1,关键词2,关键词3。

（3）用通顺的词语进行描述，并让目标关键词出现1~2次。

2.首页关键词密度（控制在 2%~7%）

查看首页目标关键词密度是否合适，如果密度较低可以适当增加关键词密度，但不要超过7%。这样关键词会有比较好的排名。

3.三个导航的设置（主导航、位置导航、次导航）

目标关键词要出现在主导航、位置导航（首页>栏目>文章标题）、次导航（版权附近的导航）中，集中权重。

4.站内、站外锚文本操作

在影响排名的所有 SEO 因素中，最重要的因素是锚文本。做站内和站外锚文本的技巧如下：

（1）所有锚文本，都尽量采用绝对地址。当文章被转载、采集或被 Rss 阅读器抓取时，绝对地址会被正确地带走，从而为网站增加了一个新的链接。

（2）做站内锚文本时，选择第一个关键词做锚文本。

（3）做站内锚文本时，可以在页脚添加一行首页和导航页面上的关键词锚文本链接。

例如：首页标题是"北京机票_机票预定_机票预订—途牛旅行网"，可以在页脚写上一行"北京机票　机票预定　机票预订"分别指向首页。给搜索引擎传达一个重要的信息，这三个关键词对网站很重要。

（4）做站内锚文本时，链接锚文本在文章内，比独立出来要好。

（5）做站外锚文本时，注意锚文本的多样性。如果大量的站外锚文本都一样，则可能被怀疑是不是群发的。

例如："SEO 优化 SEO 优化 SEO 优化"是错误的，"SEO 优化、北京 SEO、网站优化"是正确的。

（6）做站外锚文本时，注意锚文本增加数量在时间上的均匀分布。

例如：不可以某一个时间内突然增加很多站外锚文本，接下来没有再增加站外锚文本。这会告诉搜索引擎，你的锚文本是自然增加的，不是群发的。

（7）做站外锚文本时，注意站点的多样性和相关性。尽量与自己相关的站点互联，同时也适当地和一些多样化的站点互联。

二、制作与优化标题

（一）制作标题

选取好关键词后，就可以用关键词组合标题，制作标题时应注意以下几点：

（1）标题 30 个字组合满，不能有重复的关键词。

（2）不是品牌，没有授权，不能放品牌词。

（3）标题最好是通顺的，要确定自己的核心关键词。

（二）优化标题

1. 经常优化标题

热门关键词会随着季节以及流行趋势的变换而不断变化，因而建议企业的关键词标题至少每个月按热门搜索词来优化一到两次，这样才能不断地带来搜索流量。

2. 务必写满关键词

例如某平台规定，标题最多可输入 30 个关键词，每一个关键词都可能在某一时刻被顾客搜索到，以致成交。因此在优化关键词时千万不要空出位置来，因为每个关键词都是流量,都能够促成潜在的成交。

3. 标题中间尽量少留空格

调查结果显示98%以上的用户都是在搜索结果中直接看图片来判断展示的产品是否为自己想找的产品,而标题关键词只是引导顾客搜索到他们想要的产品而已。也就是说,关键词起了搜索并展现产品的作用,而用户是否点击链接并进入店铺则与图片的内容是不是顾客想要了解的产品有非常大的关系。因此,我们在优化一个产品的标题时尽量少用空格,这样就能提高产品的标题效用。

4. 同类的产品标题不可以完全相同

很多卖家在为产品拟标题时,会发现很多产品都是同一类的,属性都很相近,所以标题也可能一样。但同类产品写标题时最好能把一些不同的特点、属性写进去,属性不一样就不会被认为是重复铺货。

5. 标题中不能写一些与产品无关的关键词

比如,有一款产品是女款短裤,绝不能因为"连衣裙"及"T恤"等关键词搜索量比较大而将其加入产品标题里面,这样是违规的。

6. 不要把自己店铺的名称写到标题上去

标题是用来给消费者搜索用的,除非店铺是大卖家,如果是中小卖家则无须把店铺名称写到标题上去,最重要的还是产品的名称及属性。

7. 不要为了突出而把关键词用特殊符号"包起来"

例如有个卖篮球的卖家发现自己的产品排名很靠后,后来究其原因,是他把"篮球"用特殊符号"包起来"了。因为觉得这样可以突出产品,而搜索引擎在判断该产品时却把它排在别的产品之后了。

8. 标题中特殊符号的使用

很多人在写标题时会喜欢加一些特殊符号,比如"&""/""#"等,其实用空格就可以了。举个例子,有个卖家搜索NOKIA发现搜索不到产品,后来发现标题中是"NOKIA+手机",系统可能会识别成"NOKIA+",因此在搜索"NOKIA"时排名较低。所以,如果不是英文中本身有特殊符号,就不要自作主张加一些特殊符号了。

9. 赠品不得作为产品出售

不允许在商品标题中恶意添加对赠品、奖品的描述,否则属于乱用关键词。卖家可以将相关促销内容添加到产品描述中。

三、优化产品详情页

(一)明确产品名称

一般来说,产品名称越长越好。原因有两个:

首先,名称中的每个词语都是自然搜索的潜在关键词。例如,标题"Nike Air

Max男子跑鞋44码"比"Air Max男子"要好。

其次,更长的产品名称使客户更容易准确地找到他们想要的东西。无须点击每种产品的链接,他们只需浏览产品名称即可找到他们想要的产品。

(二)将产品说明的重点放在消费者身上

在撰写产品说明时,人们很容易在尺寸、重量、电池寿命等规格上花费许多口舌。尽管这些问题很重要,但描述的重点应该放在产品如何使消费者受益上。这意味着需要了解客户的需求、问题、愿望以及他们用来描述这些东西的语言,从而用合适的措辞来撰写产品说明,以迎合客户的需求,解决客户的问题,并满足客户的愿望。

数字营销人员应当设身处地为客户设想企业的产品将如何使他们受益并改善他们的生活。比如,售卖刀具的电商应当考虑烹饪刀具套装将如何使客户更轻松地做饭。

此外,产品说明应当注意以下几点:
(1)易于快速浏览;
(2)没有晦涩的专业术语;
(3)充满必要的关键信息;
(4)帮助客户消除误解;
(5)回答客户的相关问题。

(三)价格要清晰明了

对于许多购物者而言,价格高低是他们购买与否的主要驱动力。如果他们无法轻易找到价格,他们可能会变得警惕并在其他地方购物。"将价格放在突出的位置,如果提供折扣,则划掉旧价格",这是亚马逊公司使用的经典策略,也是它们的转化率如此之高的原因之一。

(四)提供明确的行为召唤

如果商家在产品详情页面里明确列出了产品的主要优势,消除了潜在的异议,并回答了潜在客户的疑问,那么商家就获得了向客户发送行为召唤的权利。

在大多数情况下,这个行为召唤显示为"添加到购物车"按钮。行为召唤应该放在显眼的位置,并且要尽可能简洁,尽一切努力使结账过程顺利进行,并尽量减少其中的阻力。

比如,亚马逊公司为加快结账速度做了以下工作:保存用户信息,提供一键式订购,推行"Dash按钮",因此用户甚至无须在线即可完成订购。

（五）使用多张高分辨率图像

电商网页产品展示与实体店产品展示的不同点在于，潜在客户无法实际接触网页中的产品。因此网页中要尽量展示高清晰度的产品图片。用图片从多个角度展示产品，以便潜在客户可以全方位了解产品的外观。

此外，商家应在详情页中放入能够展示产品使用过程的图片，以使潜在客户了解使用该产品时的样子。例如，销售耳机的商家让某位消费者戴上耳机并拍照，放到详情页中，以便目标客户可以看到实际尺寸。

（六）使用视频

视频对电商产品页面展示的重要性正变得越来越高，因为它们相比图片可以显示产品的更多方面。研究结果表明，视频可以使产品详情页面转换率提高84%～144%。

为什么视频如此有效？原因有以下几个方面：

（1）如果产品可能让客户觉得难以使用，那么视频可以证明它实际上的操作有多么简单。

（2）如果客户想知道某些功能之间的差异，视频可以快速准确地将其展示出来。

（3）视频能帮助客户了解自己使用产品时的场景。

（七）引入"社会认同"

现实情况是，比起广告商和营销商的宣传话语，人们更信任身边的人。营销人员的核心目的是销售产品，这使得他们更有可能夸大收益并淡化任何潜在问题。在讨论产品时，身边的人给出的评价更有可能是客观的。

这就是社会认同（例如客户评论）如此重要的原因。统计表明，客户评论比营销声明更有用。因此，引入客户评论对于优化产品页面是绝对必要的。

在社会认同方面，商家可以使用客户评论、社交媒体帖子、专家推荐等。

（八）让客户轻松地比较产品

潜在客户往往认为他们所看到的第一个产品不是他们的最佳选择。他们可能想要其他的颜色、样式、大小等。通过在产品详情页中推荐和比较其他产品，商家可以维持潜在客户的注意力并使他们更趋向于购买。

理想情况下，详情页可以使用历史数据（所有客户的宏观购买趋势），以及重新定向（例如浏览历史记录），来提供个性化的建议，这些建议应符合消费者的口味。

(九)激发信任

目标客户中总会有一部分人不愿在线购买,或许他们有过不好的网购经历,或者他们并未网购过同类产品。

对于这些人,将信任元素添加到产品页面可以大大增加他们购买的概率。

一般来说,信任元素有以下几种:

(1)明确的退货政策;

(2)退款保证;

(3)与客户服务代表能够实时聊天;

(4)保修政策;

(5)配送细节。

这些信任元素向客户传递了一个信号:如果他们遇到问题,商家会竭尽所能将其解决。当商家可以与犹豫不决的客户建立信任关系时,就会增加销售机会。

任务三　SEM 营销推广实践

项目导入

Ben 是一家箱包网店的亚马逊平台推广负责人,"黑色星期五"大促活动之后,店内爆款商品流量骤减。由于"黑色星期五"店铺销售业绩尚可,所以他决定拿出一部分的利润做 SEM 营销。

一、设定 SEM 推广目标

SEM 是基于搜索引擎的网络营销方案,其基本思想是通过在各搜索引擎投放广告来吸引客户并转化客户。通过让客户发现信息并点击进入网页,与公司进行交流、了解产品细节、实现交易。一般而言,SEM 推广包含 4 个方面,即点击付费广告、竞价排名、关键词广告和 SEO。因此,SEM 推广的目标包含:增加录取机会、提升排名、优化网站访问质量和提高收益。

二、划分 SEM 推广人群

消费者作为消费行为的主体,无疑是整个营销活动中最重要的一个环节。因此,分析消费者的消费心理和消费行为就显得尤为重要。SEM 营销推广是一种针对性比较强的营销方式,通常是有一定需求的潜在客户通过搜索关键词来找到网站,其投放目标会更加精准,效率也会更高。所以 SEM 推广在跨境电商营销中占据重要的地位。接下来,我们来了解一下在 SEM 推广中如何做客户分析。

(一)客户是谁

做推广首先要明确目标客户,只有明确了受众是谁,才能根据受众的特点制订出最合适的营销方案。具体来讲,不同的用户群体会有不同的消费心理、兴趣爱好和上网习惯等。比如,女装的目标客户是女性,那么就需要研究女性消费者在消费过程中有哪些心理和行为特点,她们的兴趣是什么,她们更喜欢逛哪些网站等。再比如,游戏行业的目标客户绝大部分是在晚上上网的,而办公家具行业的目标客户则更多在上班时间购买产品。

(二)客户在哪里

这里的"哪里"有两层含义:第一层是物理层面的"哪里",即客户所在的地区。对于跨境电商而言,不同国家的客户受不同地域、政治和文化背景的影响,会有不同的消费行为特征。充分分析其地域特征,可以更好地在前期预判推广重点和在后期进行数据分析。第二层是网络层面的"哪里",SEM 推广的目标是在不同的平台获取流量。那么,分析不同平台使用者的特点更有利于精准营销。

(三)客户的本质需求是什么

营销中还有一点很关键但是却容易被人忽视,那就是客户的本质需求。通过对客户需求的深层挖掘,能够大幅提升 SEM 营销推广的效果。通过现象抓本质,通过客户的行为分析其背后的本质需求,才能真正地吸引客户的眼球,戳中客户的痛点,最终促成交易。

三、选择 SEM 推广渠道

在定位好客户以后,就需要开始选择推广渠道了。在境内,比较常见的推广渠道包括百度、微信、微博、知乎、小红书等主流平台。商家应根据 SEM 推广的产品来选择对应的平台。对于跨境电商来说,境外最主流的推广平台就是谷歌(Google)了。

当然,社交平台营销也是近几年兴起的比较重要的跨境电商营销方式之一。目前境外最主流的社交平台推广渠道主要是以下 6 个:

（一）Facebook

Facebook 是境外通用的社交媒体网络。它拥有超过 20 亿的月活跃用户（超过全球四分之一的人口），为广告客户提供了很多机会。

（二）Instagram

Instagram 现在拥有超过 5 亿月活跃用户，并且是境外社交媒体中受众参与率最高的平台之一，比 Facebook 高出 58％，比 Twitter 高出 2 000％。

（三）Twitter

Twitter 改变了国外突发新闻的传播模式，为用户提供了很多访问渠道，让商家既可以与普通用户联系，也可以与主流影响者联系。Twitter 每月有 3.28 亿活跃用户，它是境外最受欢迎的社交媒体平台之一。

（四）Pinterest

Pinterest 与 Instagram 一样具有良好的视觉效果，但与 Instagram 不同，它的目标用户群中女性占 81％。Pinterest 每月有 1.75 亿活跃用户，它也是一个非常活跃的平台。

（五）LinkedIn

LinkedIn 也是一个独特的社交平台，主要围绕 B2B 市场。LinkedIn 的月活跃用户约为 2.27 亿，男女用户比例平均。61％的用户属于 30～64 岁年龄段。

（六）Snapchat

Snapchat 是一个较新的平台，作为一个拥有 3.01 亿月活跃用户的竞争力量出现在境外的社交媒体中。

虽然该公司是否能赢得与 Instagram 的社交视频推送方面的竞争还有待观察，但到目前为止，它是一个拥有高度活跃用户群的优质广告平台。

四、制订 SEM 推广计划

接下来，我们以 Google Adwords 为例，来了解一下具体的 SEM 推广计划。

（一）申请谷歌账户

首先，我们需要申请一个谷歌账户用于后期投放和管理。谷歌账户由账户、广告系列、广告组以及关键字等结构组成。

(二)设计广告系列

在这个阶段,需要制作广告方案、设计广告系列和进行广告制作。

(三)添加关键词

了解关键词的工作原理,熟悉构建关键词列表的基本技巧,匹配关键词和处理好关键词出价。

(四)投放谷歌广告

在投放广告的过程中,需要了解网络广告的类型以及分别可以在哪些位置展示,然后添加搜索合作伙伴。

五、创建 SEM 推广账户

以谷歌为例,创建谷歌账户包括谷歌账户的申请及登录。具体操作步骤如下:
(1)进入谷歌官网,单击"登录"按钮,如图 2-2 所示,然后单击"创建账号"。

图 2-2　登录页面

(2)填写个人信息,包括姓名、邮箱等,如图 2-3 所示,并设置密码。

图 2-3　填写个人信息

　　（3）验证手机号，如图 2-4 所示。这里需要注意的是，目前中国的手机号不支持网页版谷歌的验证，可以尝试使用国外的手机号。

图 2-4　验证手机号

　　（4）填写收到的验证码，单击"验证"按钮，等待验证通过就注册成功了。

六、构思 SEM 广告形式和内容

制作投放到搜索网络或展示广告网络的广告系列时,明确"目标"可以简化公司的决策过程,指导公司决策者选择有助于广告系列取得成功的特定功能。在制作广告系列时,公司可以选择"目标",所选"目标"应与想从广告系列获得的主要成果相符,例如销售额或网站流量。选择"目标"后,可以看到相关的系统推荐功能与设置,以帮助公司获得业务方面的重要成果。

表 2-1 和表 2-2 分别为搜索网络广告系列和展示广告网络的广告系列的"目标"。

表 2-1　　搜索网络广告系列的"目标"

目标	使用情形	功能类型
销售额	(1)促成在线销售或转化、应用内销售或转化、电话销售或转化、实体店销售或转化 (2)与已经联系的客户或马上就要做出购买决定的客户深度互动	启动购买或转化过程的功能,例如针对点击次数的出价策略,广告附加信息以及在潜在客户浏览与搜索引擎合作的网站、视频和应用时向他们展示的广告
潜在客户	鼓励相关客户通过注册简报或提供其联系信息来表达对产品或服务的兴趣	启动转化过程的功能,例如受众群体定位,广告附加信息以及在客户浏览与搜索引擎合作的网站、视频和应用时向他们展示的广告
网站流量	吸引潜在客户访问网站	可以帮助正在进行调研的客户找到潜在产品选项的功能,例如使用具有相关性的广告,广告附加信息以及有助于提升网站访问量的出价策略

表 2-2　　展示广告网络广告系列的"目标"

目标	使用情形	功能类型
销售额	(1)促使已经准备采取行动的客户实施购买或实现转化 (2)与已经联系的客户或马上就要做出购买决定的客户深度互动	启动购买或转化过程的功能,例如具有视觉冲击力的广告,自动出价和定位,以及可帮助公司吸引正在积极浏览、调研或比较所售产品与服务的客户
潜在客户	鼓励相关客户通过注册简报或提供其联系信息来表达对产品或服务的兴趣	启动转化过程的功能,例如自动出价和定位,具有视觉冲击力的广告,以及可帮助吸引对业务感兴趣的客户提供电子邮件地址,注册接收简报或提供其他相关联系信息
网络流量	吸引潜在客户访问网站	可以帮助正在进行调研的客户找到潜在产品选项的功能,例如自动出价、定位和广告制作,以及可帮助公司构建日后可以再次吸引的网站访问者列表

（续表）

目标	使用情形	功能类型
产品和品牌满意度	(1)吸引潜在客户探索公司提供的产品或服务 (2)向客户介绍公司产品或服务与众不同的方面	可以帮助公司促使客户选择品牌的功能，例如自动出价、定位和广告制作，以及有助于增加深度互动的富有视觉吸引力的广告
品牌认知度和覆盖面	(1)提升客户对产品或服务的认知度 (2)在发布新产品或将业务范围扩展到新领域时，向客户介绍提供的产品或服务	可以帮助公司建立品牌知名度的功能，例如生动直观的广告，可提升观看次数的出价策略，以及有助于吸引新客户并抓住他们注意力的广告

七、投放 SEM 广告

以 Google AdWords 为例，SEM 广告的投放分为四步：

(1)对广告系列进行设置，这其中涉及语言、预算、投放方式、出价和各种附加设置。

(2)设置广告组。一个广告组包含一个或多个广告以及一组相关关联词。想要获得最佳效果，就需要尽量让一个广告组中的所有广告和关键词均围绕一种产品或服务而设置。

(3)制作广告。在这一步中，需要同时设置新文字广告的"最终到达网址"。

(4)查看每日估算值和广告系列设置。

八、数据分析和优化

Google AdWords 关键词广告是站外引流较好的途径之一。整体上来说，它有三个重要的指标，包括点击率、点击成本和转化率。

(一)点击率

点击率(Click Through Rate，CTR)，是付费广告中必要的数据，它能判断广告与目标受众的相关程度。

$$点击率 = 广告点击量/广告展现量$$

一方面，广告跟市场匹配度越高，CTR 也就越高。另外一方面，CTR 的高低也会影响广告成本。如 Facebook 广告，点击率越低成本越低，目的是保证用户与广告的相关性，形成长期良性的广告推广环境。毕竟点击率越低的广告，说明客户越不感兴趣，影响用户体验。为了提高点击率，企业可以尝试以下措施：

1. 尝试向不同的人群投放广告

如果企业已经拥有一个效果不错的广告，可以尝试不同的定位。比如说，有些产品的日常消耗速度较慢,前期消费者购买以后可能在短时间内购买意愿就会显著降低,这时,企业就可以尝试向不同的受众投放广告。

2. 尝试向不同的设备投放广告

一个很明显的趋势就是越来越多的流量来自移动端。移动端和PC端的广告展现效果、目标客户消费习惯都有所差异,因此,应该根据不同的产品、市场和广告内容来尝试不同设备的SEM推广策略。

3. 定期更换广告

喜新厌旧是人的天性,无论设计多么精妙或者有趣的广告,重复出现都会让人产生审美疲劳,长时间的推送会导致点击率逐渐下降。因此,需要根据企业产品的特点及定位更新广告内容。

(二)点击成本

点击成本(Cost Per Click,CPC),即每产生一次点击所花费的成本。它可以让广告投放者知道,广告被点击后,其付出的平均费用是多少。

$$点击成本 = 广告总花费 / 广告点击量$$

公司都希望以更低的价格来获得更多的流量,最后获得更多的转化。无论是Google还是Facebook,都是采用竞价机制。点击单价设置低了,很多广告无法上架;点击单价设置高了,广告费消耗过快,而且曝光率也不会提升。当竞争对手改变他的出价时,价格就会波动。因此,为了得到更高的投资回报率,可以选择先用最低价进行竞价,再根据后期的数据分析结果调整价格。

(三)转化率

转化率是衡量数字营销很重要的一个指标。提高转化率需要全方位地对店铺的商品、文案、图片、客服等各个环节进行改善。任何一个环节出现了问题,都可能影响转化率。

项目总结

本项目着重介绍SEO优化与SEM营销的基本概念、影响因素、SEO优化推广实践及SEM营销推广实践等内容,本项目的思维导图如下:

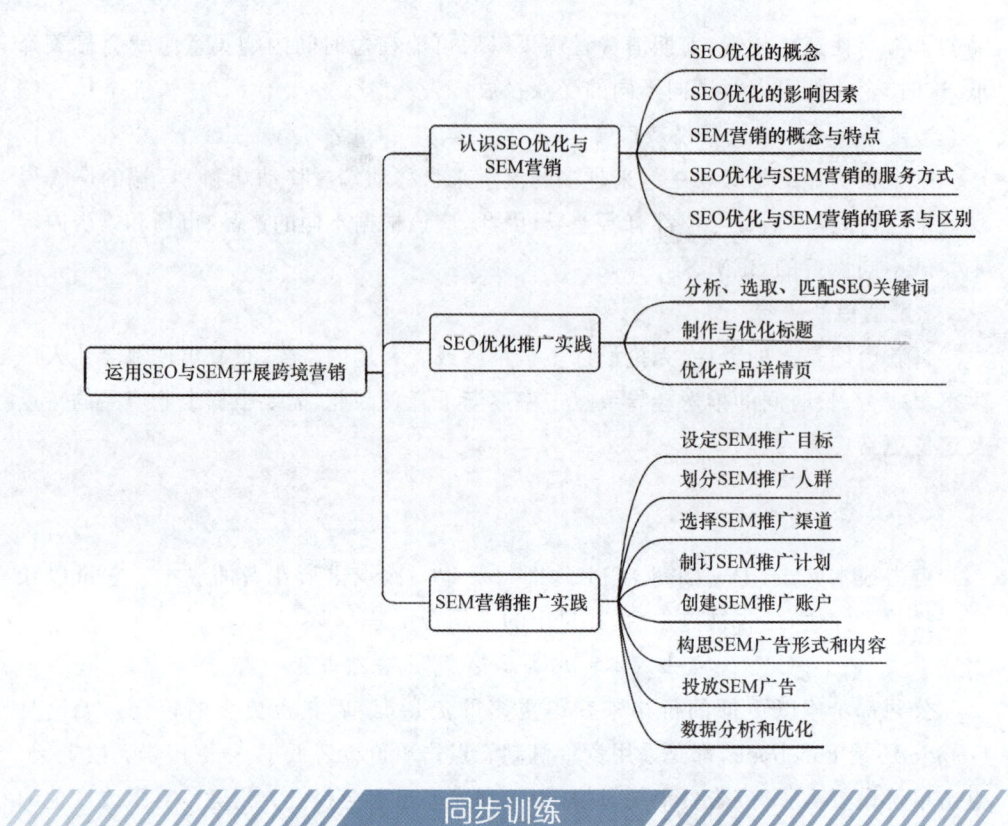

```
                                          ┌─ SEO优化的概念
                                          ├─ SEO优化的影响因素
                        ┌─ 认识SEO优化与 ──┼─ SEM营销的概念与特点
                        │   SEM营销        ├─ SEO优化与SEM营销的服务方式
                        │                  └─ SEO优化与SEM营销的联系与区别
                        │
                        │                  ┌─ 分析、选取、匹配SEO关键词
运用SEO与SEM开展跨境营销 ─┼─ SEO优化推广实践 ┼─ 制作与优化标题
                        │                  └─ 优化产品详情页
                        │
                        │                  ┌─ 设定SEM推广目标
                        │                  ├─ 划分SEM推广人群
                        │                  ├─ 选择SEM推广渠道
                        │                  ├─ 制订SEM推广计划
                        └─ SEM营销推广实践 ┼─ 创建SEM推广账户
                                          ├─ 构思SEM广告形式和内容
                                          ├─ 投放SEM广告
                                          └─ 数据分析和优化
```

同步训练

一、选择题(不定项选择)

1.影响SEO优化排名的因素包括(　　)。

A.网站改版　　　　　　　　　　B.网站内容质量比较差

C.友情链接出现故障　　　　　　D.搜索引擎算法的更新改变

2.SEM营销的特点有(　　)。

A.能够获取新客户　　　　　　　B.竞争性强

C.动态更新,随时调整　　　　　 D.门槛低,投资回报率高

3.(　　)不属于外部链链的作用。

A.促成交易　　　　　　　　　　B.提高排名

C.破坏公司形象　　　　　　　　D.提高流量

4.搜索引擎营销的简称是(　　)。

A.SEO　　　　　　　　　　　　B.SEM

C.SEC　　　　　　　　　　　　D.SERP

5.(　　)不是网站外部链接的添加方式。

A.论坛发帖　　　　　　　　　　B.自身网站文章链接

C.发布黄页　　　　　　　　　　D.博客发帖

二、简答题

1.能显著提高产品排名的关键词主要有哪些类型？

2.你认为在标题优化过程中,哪一个决策点对搜索排名影响最大？

三、案例实训

华为商城是华为旗下的电子商务平台,提供正品华为手机(华为 mate10、华为 p10、荣耀9、荣耀畅玩7x、麦芒6、华为 mate9、荣耀 v9、华为 nova2 等)、平板电脑、配件等全新华为产品,品质有保证。辰辰是华为商城的负责人,为了能够获得更多免费的自然流量,让店铺流量来源更健康,辰辰决定对华为商城首页的关键词进行挖掘,为后面的网站首页 SEO 优化提供一个完整的关键词词库。具体见表2-3。

表 2-3　　　　　　　　　　SEO 优化实训表

推广方案制订步骤	具体细节描述
拆分关键词	
利用分析工具整理关键词	
关键词挖掘与分析整理	

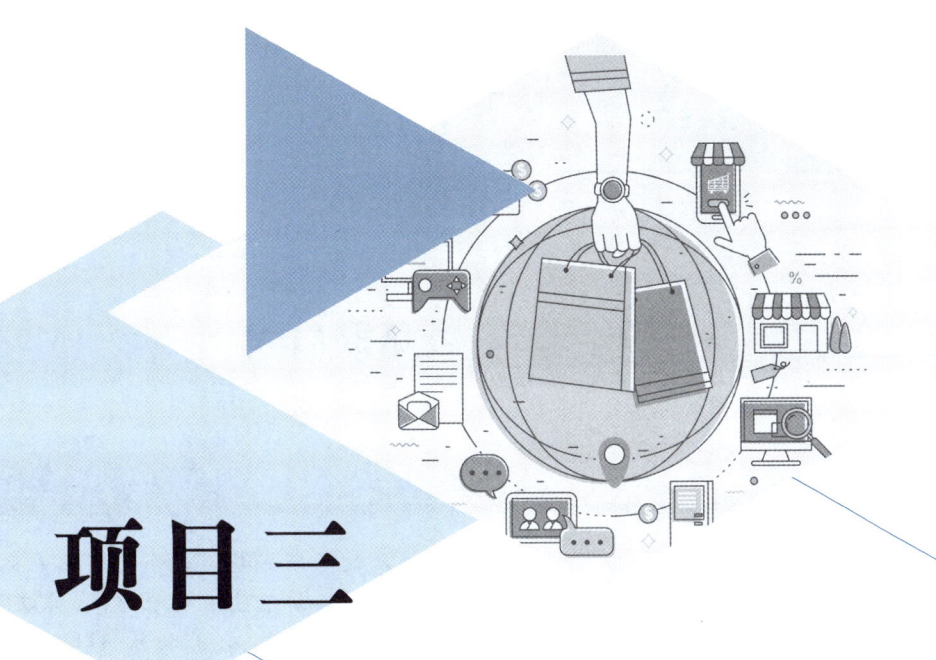

项目三
运用 EDM 开展跨境营销

学习目标

知识目标
- 了解 EDM 的概念和特点。
- 熟悉 EDM 的推广模式。
- 掌握 EDM 的核心要素和推广策略。

技能目标
- 能够熟练掌握 EDM 推广的方法和操作步骤。
- 能够分析 EDM 推广的相关数据,进而适时调整,不断优化推广效果。

素质目标
- 培养合规意识,能够在 EDM 推广过程中尊重不同国家的差异,遵守不同国家的相关政策法规。
- 提升职业素养,能够在 EDM 实践中充分展示大国礼仪和素养。

任务一　认识 EDM

项目导入

随着 EDM 营销模式的不断发酵、技术手段的不断完善，EDM 营销在企业中的应用也趋于成熟，海外用户在日常工作、生活中更倾向于使用电子邮件，所以 EDM 邮件营销也更适合跨境电商行业。EDM 营销是一种精准、高效的站外引流方式，卖家可以利用电子邮件对买家进行精准营销。如何做好 EDM 营销来提升店铺销量，EDM 的推广模式有哪些，如何把握 EDM 的核心要素，如何高效使用 EDM 推广的各种策略，是每一位跨境电商卖家都要了解的内容。

一、EDM 的概念与特点

（一）EDM 的概念

EDM（Email Direct Marketing），也叫 Email 营销、电子邮件营销，是指在用户许可的条件下，借用计算机网络和数字交互式媒体，通过向目标客户发送邮件，建立同目标客户的沟通渠道，向其直接传达相关信息，用来促进销售的一种营销推广手段。

在 EDM 营销的定义中强调了三个基本因素：基于用户许可、通过电子邮件传递信息、信息对用户是有价值的。三个因素缺少一个，都不能称之为有效的 EDM。EDM 可以发送电子广告、产品信息、销售信息、市场调查、市场推广活动信息等。

电子邮件是跨境电商卖家与国外买家进行交流的重要媒介，利用电子邮件，卖家可直接、快速地对买家进行精准营销。只要是跨境电商企业，或多或少都会利用这个营销工具。亿业科技研究的一份数据显示，2018 年非事务性电子邮件占比 68%，在行业电子邮件发出数量排名中，电商行业排名第四。电商企业使用电子邮件进行营销推广已是非常普遍的现象。

由于境外客户在日常的工作和生活中更倾向使用电子邮件进行沟通，所以 EDM 非常适合跨境电商行业。跨境电商的商家可以使用 EDM 对客户进行精准营销。EDM 是境外市场营销中最重要的渠道之一，具有远超社交媒体营销的高点击率、高转化率和高资本回报率。

（二）EDM 的特点

EDM 推广相对于境外推广的其他方式，有其自身的特点，具体如下：

1. 个性化定制，精准高效

EDM拥有100%客户信息控制权，可以以不扰人的方式传递信息，一对一与客户沟通。商家可以根据收件者的个人偏好制作一对一的促销邮件，通过个性化邮件发送系统发送的每一封邮件，其标题和内容都可以根据收件者的姓名（或昵称）而发生变化。当收到这种标题和正文的称呼都是个性化的邮件时，客户会认为是为他特意发送的。这些个性化邮件，亲和力强，直达客户的专属邮箱，邮件被打开和仔细阅读的概率非常高。商家可以发送当天的EDM促销信息来帮助减少货物库存，也可以在客户生日或者周年纪念日的时候发送祝福邮件。通过这些有温度的EDM推广，可以短时间让客户成为商家的朋友。

EDM推广可以精确筛选发送对象，将特定的推广信息投递到特定的目标社群，可以做到目标市场细化。邮件发送前可以通过数据库筛选，根据宏观的营销环境，诸如地区、文化背景、性别、年龄、职业等，对其目标市场进行多维度细化，然后对细化市场进行不同的分类。它可以根据读者群落的不同量身定制内容，可以设置多达几十个变量，不仅是姓名、年龄、性别等个性化数据，利用数据库挖掘与检索技术，还可以对企业会员的属性进行分类。如可以按照性别分类，可以按照地区分类，也可以按照用户的历史购买习惯进行分类，从而可以向客户分类推荐各种符合其个性化需求的邮件内容。而且还能够设置与公司业务高度关联的变量，这样制作出来的邮件精准高效，更能吸引客户的关注。

2. 成本低，见效快

EDM的营销花费相较于广告等其他营销形式显然更少。不需要大量的员工，如设计师、数据分析师、执行人员，通过专业的模板，便可以轻松设计出一款时尚的EDM邮件。并且，同等预算下，更低廉的花费可以更频繁地与客户接触。内容是吸引客户的前提，但最好不要每周超过一次打扰客户。

EDM营销只需要获得客户邮箱，然后根据客户注册网站时的属性条件进行筛选，只要拥有邮件服务器和足够的带宽（该条件当下都能实现）就可实现。发出去的邮件几小时之内就可以通过邮件发送服务器追踪邮件接收人的点击情况，成本低，见效快。

3. 有效监控，适时调整

电子邮件本身具有定向性，同时可以便捷地实现数据追踪分析能力，基于用户的行为，统计打开邮件的点击数并加以分析，获取最新的销售线索，采取针对性的推广策略。

完善、公正的监测系统能公平、科学地监测、统计出有多少Email被浏览阅读了，相对于传统的广告形式，EDM更容易评估营销效果和客户的参与度。商家能从报表中轻易看到客户点击了哪个链接，客户更喜欢哪个排版，客户更喜欢哪些促销内容。通过这些数据商家可以更方便地了解客户的喜好、客户的参与度,方便观察客户整个生命周期,可针对客户收到邮件后的行为确定优化方向。

4.传输内容多,表现形式丰富多样

EDM 的表现形式更丰富多样,各大 EDM 平台给营销人员提供了丰富的模板,营销人员可以在模板中插入超链接、视频、音频、动画等元素,拖曳编辑图片非常方便,图文并茂丰富了邮件的表现力;同时还可以轻松复制、粘贴、修改已有的模板。通过文本、图片、动画、音频、视频、超级链接等手段,邮件及其附件可以传输大量的文件,有利于向读者清晰翔实地介绍产品或服务。

5.功能多样,可入会员库,订阅方便

用户可直接通过 EDM 邮件加入公司会员库,EDM 营销人员也可以在给用户的邮件中,单独划出一个模块用来集成诸多社交平台按钮,同时设置一键式转发分享到社交平台;为了增强说服力,可以在邮件中收集、引用来自公司社交平台的消费者精彩点评。反过来,营销人员也可以在社交平台上吁请消费者留下邮箱,成为订阅用户,同时透露邮件会有更翔实的内容介绍,鼓励对方将公司邮箱列入"白名单"中。邮件按照发送时间先后井然有序地排列在客户邮箱中,且"已读"和"未读"标记分明,客户可以在海量邮件中快速查找,也能够在一定时间后回头反复调阅感兴趣的邮件,可激励、唤醒客户多次购买。

6.覆盖面广,影响范围大

EDM 是以互联网为载体的一种营销方式,而互联网时代,EDM 与传统营销对比分析的最基本属性就是可以跨越地区、国境和时间,实现随时随地和其他的人进行交流,且 EDM 具有跨平台普及性,用户很少会根据不同服务更换邮箱。

DATA REPORTAL 发布的《数字2021:全球概览报告》显示,截至2021年1月,全球手机用户数量为52.2亿,接近世界总人口的66.6%。互联网世界发布的统计数据显示,截至2020年一季度,中国、印度、美国互联网用户数量排名前三。中国互联网用户数量为9.04亿[根据中国互联网络信息中心(CNNIC)发布的第45次《中国互联网络发展状况统计报告》进行了调整],互联网渗透率为64.5%;印度互联网用户数量为5.6亿,互联网渗透率为40.9%;美国互联网用户数量为3.13亿,互联网渗透率为94.7%。面对如此巨大的用户群,商家可以在很短的时间内向数千万目标用户发布广告信息,营销范围可以是中国全境乃至全球。

二、EDM 的核心要素

虽然跨境电商使用 EDM 的现象非常普遍,但是不同卖家运用的方式、推广的手法不同,所取得的效果也不一样。有的卖家大量使用硬广告、推介促销、活动信息,久而久之会让客户厌烦甚至取消订阅;有的卖家则倾向于软性内容,类似朋友、熟人关怀式的 EDM,反而跟客户建立起良好的互动关系。因此任何一种营销方式都得讲究

方法及技巧,在核心要素上使用巧劲,否则再好的方式都难以奏效。EDM 推广过程中的核心要素具体如下:

(一)把控邮件列表

很多人错误地认为邮件列表需要在搜索引擎上进行收集,或者是复制其他网站上的 Email 地址,这样是没有多大意义的。由于邮件列表的不精准,不但会被人认为是垃圾邮件,还大大增加了邮件发送的难度。因此我们尽量使用更精准的邮件列表,具体可以通过企业的网站和面向消费群体进行收集,他们可能是网站的注册用户,也可能是订阅过企业的资讯和购买过企业产品的人。

优秀的 Email 列表可以让 EDM 事半功倍。收集 Email 地址的时候,有意识地进行数据分类,可提高列表相关性,从而提高用户对邮件的反馈效果。跨境电商网站的订阅用户、企业会员的邮件地址等都是企业的邮件数据来源,皆可采集。

(二)提升邮件质量

邮件本身的质量,如:邮件标题、邮件内容、邮件模板等都是直接影响邮件营销效果的因素。

1.邮件标题

邮件标题应该做到简短有力,尽量不超过 50 个字符。一个有创意的标题会吸引接收者打开邮件。因为邮件标题会直接影响到邮件的打开率,所以我们在 EDM 的过程中需要反复地测试邮件是否满足接收者的喜好,进行头脑风暴,选择一个可以令邮件接收者打开邮件的创意。

2.邮件内容

邮件内容影响转化率,一个好的邮件内容需要贴近邮件接收者,与企业的营销目的结合,在不会让邮件接收者反感的基础上进行策划。如果邮件的内容是接收者感兴趣的,那么会大大提升 EDM 的效果。要认真准备内容,保证内容的新鲜度。要吸引用户进入页面购买商品,即需要提高邮件点击率,从而提高转化率。用户在收集他所需信息的环节,同样也是营销者传播信息最重要的实现实际销售的环节。如果能够在邮件内容中把握住用户关注的信息,就能够将潜在销售机会转化为实际销售成果。

3.邮件模板

邮件模板的设计不仅要追求美观,吸引用户的眼球,还要符合国际反垃圾邮件组织的设计规则,尽量避免由于模板设计的失误让企业的邮件进入用户的垃圾邮件箱或进入邮件公司的黑名单。

为链接添加精准的着陆页(Landing Page),是提升邮件转化率的关键。

(三)把握发送时间和频率

要学会分析用户的作息时间规律并善于抓住时机,科学设置邮件的发送时间。比如西方有"黑色星期五"和"网络星期一"的说法,也就是说人们养成了在周五和周一大肆购物的习惯,所以我们需要在这两个日子到来之前,先发送一封预告式邮件,明确提醒用户参与打折活动,并详细告知具体的活动资讯和相比同行的突出特色、优势。科学地掌握时间,定期给他们发送邀请邮件、问候邮件等会起到事半功倍的效果。

发送邮件的频率应该与用户的预期和需要相结合,这种频率预期因时、因地、因产品而异。千万不要认为发送频率越高,收件人的印象就越深。过于频繁的邮件"轰炸",会让人厌烦。研究表明,同样内容的邮件,每个月至多发送 2~3 次为宜。发送时间为用户集中查阅邮件的时间。比如大多数人会在刚上班和下班的时候看邮箱。

(四)选择专业、优质的 EDM 工具

因为往境外投递电子邮件不仅是跨越万水千山,还要遭遇各种障碍,如防火墙阻挠和目标地区信息基础设施落后等,此外,一些反垃圾国际组织对 EDM 也存在偏见,再加上邮件群发是大规模发送,所以企业需要选用专业、优质的 EDM 工具。

邮件群发工具的选取是 EDM 最为关键的一步。邮件群发工具支持什么类型的邮件内容,有多少模版可以选择,有怎样的群发邮件机制,送达率有多少,邮件群发数量限制是多少,邮件数据监控分析效果如何等直接影响着 EDM 的效果。像 Unimail 系统,Emailvision 的 Campaign Commander 及 u-mail 邮件群发系统这类专业的邮件营销服务产品就是邮件营销的必备工具。

(五)跟踪反馈邮件发送效果

通过发送报告我们可以将发送效果进行量化,比如进行到达率、打开率、内容点击率等重要参数的分析,将没有到达的邮件进行过滤,对不同的邮件内容和标题进行多次测试。选择最优的方案进行持续营销。同时要将我们对效果的预期和成本投入进行投资回报率(ROI)的评估,以便于每次邮件营销成本的控制。

$$投资回报率=营销产生价值/投资总额×100\%$$

企业在进行 EDM 时还要注意以下几点:
(1)发送的宣传信息应真实准确,不能发布虚假宣传信息;
(2)不同国家用户的消费习惯有很大的差异,需区别营销;
(3)EDM 需高度重视移动端;
(4)将 SNS 营销和 EDM 相结合,重视用户分享;
(5)重视邮件相关信息的隐私协议,确保用户信息不被泄露。

总之，个性化的、值得关注的、针对性好的内容都是用户友好的内容，在坚持用户友好的前提下传播企业信息是EDM实施中一个重要的原则，只有这样企业才能与用户建立长久的、良性的互动关系，建立客户忠诚度，为企业创造持续的利润来源。

三、EDM的推广模式

与传统的推广模式或未经许可的Email营销相比，EDM具有明显的优势，比如可以减少广告对用户的滋扰，增加潜在客户定位的准确度，增强与客户的关系，提高品牌忠诚度等。下面介绍一下EDM常用的推广模式。

（一）客户关系邮件

客户关系邮件是EDM最为常见的一种推广模式。企业邀请访问企业网站的所有客户提交电子邮件地址，以便于客户收到企业不定期的宣传信息和推广服务说明。企业网站每推出一项新的服务，就给每个客户发送一份宣传邮件，和客户保持联系。

（二）企业新闻邮件

企业新闻邮件大多数是与企业产品和服务有关的信息，并可以附上一些编辑语，这也是一种让客户替企业宣传产品的好方法，有利于提高企业网站的访问量。还可以发送一些企业发展动向的最新报告，如企业新产品的开发和研究报告等，让企业与客户之间有更多的交流。

（三）定制提醒服务邮件

定制提醒服务邮件是指企业从收集的有关客户的档案资料中，找出客户的一些特殊纪念日（如结婚纪念日、生日等），并在当天发送邮件，及时地向客户送上一份问候。定制提醒服务邮件会让客户感受到企业的温暖。

（四）伙伴联合营销

企业可以和其他企业合作，然后以合作伙伴的名义发送信息给合作企业的客户。例如，《新媒体观察》的编辑部可以向它的客户发送这样一封电子邮件："亲爱的《新媒体观察》的读者，为了感谢您长期以来对我们杂志的关注，我们向您推荐一个我们的合作伙伴——时代网络的产品：电子图书制作工具。"

（五）鼓动性营销

开展营销活动前应该制订一个特别计划，并观察总体反应率（例如点击率和转化率），跟踪顾客的反应，然后将顾客的反应作为将来的细分依据。

发出营销邮件更像是一种战略，而不仅仅是一个打广告的机会。有人形容它为

"病毒性营销"。这种方法是鼓励一个企业的老客户去向自己的朋友推荐有关企业的产品和信息。在传统商业社会中这种"找朋友"的方式是尽人皆知的,但在互联网上,这个观念却受到了强烈的排挤。不过有些企业由于好的产品和服务以及有口皆碑的宣传推广,客户数量还是取得了迅猛的增长。例如,提供免费电子邮件服务的 Hotmail 公司就是一个很好的例子。由于 Hotmail 公司在向客户发出的每封邮件末尾必附带一条 Hotmail 公司的推广信息,很快就吸引了上百万的客户访问 Hotmail 公司的网站并注册加入。

现在国内的免费电子邮箱已经数不胜数了,并且在激烈的竞争下,邮箱的容量也越来越大,大容量的免费电子邮箱为 EDM 的实现提供了条件,邮件下面的链接和企业在网络上打出的大量广告,会给企业带来众多的新客户。邮件末尾所附加的链接和宣传信息同时也会附加在客户的每封往来的邮件上,像繁殖力极强的"病毒"一样潜入了成千上万的客户的终端。

(六)许可邮件列表

邮件内容越具有针对性,用户打开和阅读的比率越高。因此,可以将活跃邮件名单根据用户兴趣细化成不同的细分列表,分别发送具有针对性的邮件内容。可以通过剔出完全不感兴趣的用户、筛选出最活跃读者等操作细化列表用户清单。

回顾三个月内的邮件群发统计报告,将那些阅读过或点击过链接的列表用户分离出来。对于未曾打开的用户,可发送一个邮件调研,询问他们是否愿意继续接收电子邮件,如果用户失去兴趣,可暂停发送。如果多次询问没有回答,可将这部分用户移至不活跃用户列表。

通过上一步同样可分离出多次打开邮件或点击链接的用户,他们是企业最活跃的目标客户。他们关注企业发送的邮件内容,并且参与到企业的活动中来,继而扩大企业影响力。可为这些活跃用户创建一个单独的列表,如"网络 VIP 会员"。企业的邮件群发目标是扩展这部分活跃用户的人数,而不是邮件列表中的总用户数。

有资料表明,有 75% 以上的顾客曾经收到过熟人的推荐。被调查的成功的营销人员中,有 50% 利用已经建立起来的可信任的顾客关系产生杠杆作用。此外,20% 的电子邮件用户利用熟人的"口碑"宣传发现并浏览新的网站。

这些推广模式有利于建立与核心顾客社区的高度信任,影响新顾客社区并建立营销杠杆,迅速扩张 EDM 的宽度和价值。

四、EDM 的推广策略

随着移动互联网时代的到来,众多传统企业开始从线下走向线上,通过互联网带动营销以提高销售额,实现品牌推广。作为传统的电商渠道之一,在互联网营销方式中,EDM 相比其他的推广方式更为成熟,用户基础也比其他新型营销方式广而多,且极具精准性。

EDM的快速发展也带来了弊端。垃圾邮件、非法钓鱼邮件等邮件的增多,让用户对邮件产生了反感。那么,如何避免用户对邮件营销产生反感,并且转变成深受喜爱呢?EDM不仅需要遵循三大总则:精、准、稳,还要结合具体的营销推广策略。

(一)节假日营销

1.节假日营销的三大要素

节假日营销不只是冲销量、做业绩,还是产品、品牌推介,提升品牌形象的良好契机。在选好产品折扣和主题的基础上,节假日营销有三大要素:

(1)营销渠道的选择

营销渠道大体分为硬广渠道和软广渠道,硬广渠道包括Facebook、Google;软广渠道主要包括SEO、网红营销、DEALS、SNS营销、联盟营销以及博客营销。SEO是非常好的渠道;网红营销的周期是3到6个月;DEALS的效果好且免费,在有名的DEALS站点上做推送,一款产品一天销量甚至可以超过5万;SNS营销、联盟营销以及博客营销的效果更加长久。

(2)时机的选择

时机分为种草期、长草期、BIGDAY和延续期。其中前两个时机最为重要,种草期激发需求,引发兴趣、关注点,提前半个月左右开始;长草期,深度长草,了解客户心理,刺激购买欲望,历时约一个星期。

(3)目标对象的选择

促销的目标对象,除了消费者以外,还有社会团体、零售商和中间商。可以针对他们设计节假日的促销活动。

2.节假日营销的实施策略

(1)对网站流量表现进行分析

节假日是商家监督网站表现以及收集最新数据的大好机会。网站在节假日期间的流量可能会与平常流量不同,这些数据可以帮助商家对网站进行调整,让商家有针对性地开展EDM推广。

(2)提供个性化购物体验

在恰当的时机给准确的受众发送有针对性的、个性化的营销信息会增加商家的转化率和销售量。例如对于"黑色星期五"而言,电商卖家应该在销售之前和销售期间发送高度个性化的电子邮件。首先,根据用户的地理位置、以往的购买历史和总体电子邮件参与度将他们进行区分。然后,有针对地设计邮件内容,这样商家的品牌在"黑色星期五"期间增加收入的概率也会提高。

(3)提早开始

在节假日前推出以节假日为主题的鼓励措施,并承诺在节假日给予奖励和折扣。

宣传商家的网站资讯以推动用户订阅,这样当节假日到来时,商家发出的大量电子邮件都会收获成效。

(4)利用网红博主发布节假日礼物指南

在网红博主发布的节假日礼物指南中植入商家的产品是一个很好的开始。PR Couture(传播时尚和生活方式的平台)建议,不要广泛涉猎,而要专注于最受欢迎的产品。此外,商家还需要研究一些流行的博客来了解哪些产品最适合用于推广。

(5)利用倒计时工具

限时销售是增加"商品稀缺性"的好方法。商家可以使用像"自动化营销服务"这样的工具创建一个倒计时来提醒人们销售不会持续很长时间。

(6)用对再营销策略

尽管许多消费者会在促销期间疯狂购物,但并不是每个人都会在当天购买商品。有针对性地实施一些再营销的策略,这样商家就可以追踪那些未曾在网站上结账的人。

(7)提前准备好邮件策略

商家应该提前准备好促销的邮件营销时间安排。根据市场调查公司 Custora 的报告,超过 25% 的节假日销售始于节假日 EDM,所以未雨绸缪是值得的。数字营销公司 Conversant 的研究显示,当消费者在 9 月份收到促销信息时,他们在"黑五"和"网一"期间购买产品和服务的可能性是平时的三倍。电商孵化平台 ABLS 的电商专家 Richard Lazerra 说:"电子邮件营销活动十分地重要,而且还能带来巨大的 ROI(投资回报率),所以商家应该提前做好准备,包括邮件、图片以及邮件内容。在'黑色星期五'到来之前,商家应该给自己足够的时间和机会确认一切事宜。"

(8)富有创造性的邮件标题

假日期间,消费者的邮箱会收到五花八门的邮件,所以商家要设法想出一个独特的、有趣的邮件标题,让订阅者有兴趣点开商家的邮件并阅读。电商专家 Andrew Youderian 表示:"仅提供折扣的传统营销邮件很可能会'石沉大海'。相反,一个有创意的促销活动可以通过引人注目的邮件标题来吸引消费者的注意。如果商家能在'黑色星期五'促销活动中增加创意和独特性,那么将会比单纯的打折促销更有可能增加销售量。"

(9)创建一个节假日的专属登录页面

为了在假期前提高邮件点击量,商家可以创建一个节假日登录页面,然后在节假日来临之前发送电子邮件,并在邮件里附上最畅销的产品、服务和优惠的链接。

(二)病毒式营销

1.病毒式营销的三要素

病毒式营销的三要素包括:

病毒式营销

(1)创意

商家应该花最多的资源与时间在这里,因为它至少影响了50%以上的结果。它是否合理地与商家的商业目的有关联?它是否易于理解与联想?它是否具有易于传播的基因?它是否针对商家的目标对象设计?能否造成足够的冲击?它的形态为何?(比如数位、平面、影音等,形态应与商家的目的相关。)它的生命周期多久?是否有优化的可能?

(2)支点

支点指的是第一波受众,商家应该花第二多的资源在此。商家要怎么选择第一波的受众?(这决定了是否能顺利地将创意传播出去。)他们是否与商家的商业目标相关?他们是否会喜欢商家的创意?他们是否是强力的传播者?能传播给多少人?他们需要多久的时间能传播出去?

(3)杠杆

杠杆就是"扩音器""放大器",通常具有联结、关系、拉一连一的属性,例如脸书、推特、BBS、微博、博客等。最重要的一点是何时发动?是否能准确地在临界点(Tipping Point)发动?有时候也许会搭配新闻媒体、议题、事件等公关操作。

当商家的"创意"与"支点"做好后,"杠杆"甚至会自然出现。

2.病毒式营销实施策略

跨境电商在电子商务中的比重越来越大,其自身规模也越来越大,结构完整、明晰。消费市场庞大,消费者的消费需求和购买能力不断提升,在这样的市场大环境下,有待进一步挖掘。对于跨境电商平台而言,好的营销手段可以起到事半功倍的效果,对产品销售和品牌推广都有着重要的意义。

病毒式营销作为一种顺应互联网时代趋势,具有强大力量的营销方式,定会助力跨境电商平台的发展。做好病毒式营销需要做好以下几点:

(1)精准定位目标受众

对跨境电商平台而言,将目标消费者进行划分并且精准定位,才能有效地传播信息源,引发受众关注。受众不仅要对信息感兴趣,更要乐于主动传播。以社区电商平台小红书为例,小红书的用户以喜爱海淘的年轻女性或学生为主,这个消费群体热爱时尚,乐于分享,具有较强的消费需求和消费意愿,同时这个群体关注点更多集中在化妆品、皮具、衣服等话题上,女性特征明显,在进行营销时要具有针对性。

不同的跨境电商平台在进行病毒营销时都要分析目标受众的特点,这样信息源对目标受众才是有效的。只有内容有趣、吸引人,传播性才强,才会让受众自发地分享和传播,同时内容不能为了吸引人眼球而低俗卖弄,否则会使企业口碑严重受损。

(2)找准发布时机

所有的营销活动都要合时宜,传播时机对于传播效果而言至关重要,同样的传播内容,在不同的时机下传播,往往会有着不同的甚至截然相反的效果。

如某年圣诞节，一条消息被刷屏：只要把"圣诞快乐"转发给30个好友，头像就能自动戴上圣诞帽子。这个小游戏结合了圣诞节即将来临的时机和人们节日送祝福的习惯，引爆了社交平台，如果不是在圣诞节前后，就不会收到这么好的效果。

对于跨境电商而言，在发布病毒式营销信息时，应该注意发布时机，在这段时间内巧妙发布能够引发传播的信息。在美国，"星期五"是圣诞节的购物季启动日，亚马逊、小红书和洋码头等购物平台都巧妙地引用"黑色星期五"，将购物狂欢日搬到了线上，小红书更是打造了"红色星期五"促销活动，引爆传播热潮。

（3）利用好社交媒体

每一个参与者都是一个节点，要想利用好每一个节点，就要最大程度调动受众的参与热情，符合受众的传播习惯。互联网时代下的受众的信息接收和传播习惯都被新媒体环境改变，他们更乐意在社交媒体上传播和分享信息。跨境电商平台要想进行有效的病毒营销，一定要利用好社会化媒体。

以小红书为例，小红书并没有进行大量的大众媒体传播，而是主要依靠社交媒体平台，利用人际传播口口相传，打造口碑。不仅如此，在小红书上下单之后，还会获得多个现金券红包，可以发到微信里让朋友圈里的好友领取，这样的高黏性的二次传播使得信息在朋友圈裂变式地传播开来。

跨境电商平台要充分利用黏性高的社交媒体，这样才能最大程度地引爆传播，达到营销目的。

（4）利用大数据，实施有效传播

大数据时代下的营销，更注重精准性和有效性，企业需要打造和完善数据基础设施，收集庞大的客户群信息，了解不同消费者的消费习惯，建立消费者数据库，才能实现精准营销。建立在大数据技术之上的病毒式营销，可帮助电商平台进行商品需求预测，对目标用户的针对性更强，投放渠道得以优化，增强用户体验。

对于跨境电商而言，大数据可以提供信息服务、增强产品功能、分析用户的个性化需求、掌控消费者的基本状况，更加有针对性地投放信息源，信息到达率更高。

（5）树立口碑，强化情感

美国学者克莱·舍基提出"湿世界"的概念，就是人际传播的湿性化。社会化软件让人与人之间充满人情味，变成一种黏性的、湿乎乎的存在。对电商而言，不仅仅要卖产品，更要卖品牌，建立用户对电商平台的情感。跨境电商的主要目标受众是乐于购买境外商品的年轻人，他们时尚、追求生活质量、消费水平较高、乐于分享，这就是跨境电商进行病毒式营销的"易感"人群。企业传播的信息与目标消费者的内心是契合的，可以满足用户的情感需求，并且开始影响消费者的行为，这样的营销才真正有效。

例如小红书就是在做社区电商，它构建了一个产品型社群，小红书亲切地称呼用户为小红薯，在这个社群里，所有的小红薯都可以向别的小红薯分享自己喜爱的商品，撰写购物心得，提供购物信息，引导其他消费者的购买行为。用户在消费和分享的过程中会获得自我满足感和身份认同感。

相比于大众传播,消费者往往更容易相信人际传播的内容,因此在进行病毒式营销时,信息内容一定是有温度的、能引发情感共鸣的,这样的病毒式营销更有利于塑造跨境电商平台的良好形象和口碑,提升品牌影响力。

病毒式营销作为一种互联网时代下新型的营销方式,越来越多地运用到跨境电商领域中去,如果运用得当,可以起到良好的营销效果,促进跨境电商的发展。跨境电商平台未来发展前景巨大,企业想要做大做强,仍要继续借鉴优秀案例,结合自身实际,巧妙进行营销,这样才能打造优质品牌,实现在跨境电商平台的可持续全面发展。

(三)内容营销

1.内容营销的要点

在 EDM 中,商家应该简明扼要地阐述必要的事情,向消费者提供刚好且适当的 EDM 信息,驱使他们点击链接、浏览网页查看自己感兴趣的信息,这才是邮件的真正目标。

如果商家发送的是定期新闻简报性质的邮件,那么可以向用户讲述一个主题故事或者附上一篇产品历史方面的文章。如果商家发送的是品牌效应的邮件,那么目标就是介绍品牌的开发和打造理念。如果邮件的内容是一大张图片(类似明信片),那么目标应该定位于宣传一款全新的产品。在这种情况下,商家可以修饰一下文字,但是总规则依然有效,那就是一定要促使用户点击邮件上的链接。

跨境电商 EDM 推广要做好,在对内容进行营销的时候,我们需要注意以下几点。

(1)创意性

首先需要考虑邮件内容的创意性,比如全新的邮件模板是否能够简化邮件制作的工序;又比如,是否能够允许简便快捷地操作,或者这种设计是否能够被反复利用,这样就能保证商家的邮件创意切实有效,同时能够在未来很好地被优化维护。

(2)清晰性

邮件内容的核心目标,也就是驱使用户行动的链接,是否被突显出来?营销的内容和宣传的观点是否条理清晰?如未达到目标,商家需要重新构思创意、更改图片或进行文字处理。

(3)一致性

每周向用户发送的电子邮件周报是否采用相同的布局、导航栏和颜色,创造一种一致性,这样用户会对邮件的布局和样式产生亲切感和熟悉感。使用一致的颜色和字体,同时应保证这些颜色和字体使用广泛,能够被大多数操作系统和计算机正确显示。

(4)个性化

使用个性化信息,如最基本的收件用户昵称,但也要避免在邮件中过多添加个性化信息,如在每个页面上都添加用户的姓名。

需要注意的是,商家按照用户的个人喜好,向他们推荐不同的 EDM 信息、商品或者服务很有必要。相比于向每一个用户发送相同的 EDM,个性化,尤其是根据用户特点的个性化,能够产生更好的 EDM 效果。

2.内容营销的实施策略

(1)制作更多视频营销内容

视频内容是近几年来最重要的内容营销趋势之一,也是与潜在购物者交流的最好的方式之一。HubSpot 发布的"State of Inbound"报告显示,48%的境外营销人员计划将 YouTube 列入内容营销渠道之一。而 46%的境外营销人员打算把 Facebook 列为内容营销渠道之一。

因此卖家在进行 EDM 推广时,要尽量多制作一些营销视频。比如,常规的 Facebook 直播、推广文章视频花絮和各种指导性视频。

(2)融入语音科技

现在,每天有很多境外用户会用语音命令谷歌或 Siri 搜索某些信息,又或者是在家里使用 Alexa 语音助手。内容营销人员应该设法优化内容搜索方式,支持语音搜索,或是把内容推广到支持语音搜索的设备上。

营销人员还可以尝试语音形式的营销内容。比如,如果你发布了一个指导性文章或视频营销邮件后,就可以考虑使用这些内容创建 Alexa Skills。

下面是 Alexa Skills 的几个例子:

• Purina,由宠物食品制造商 Nestle Purina PetCare 发布,允许消费者询问 Alexa 宠物相关问题。比如,"Alexa,问问 Purina'小孩子适合养哪个品种的狗狗'。"

• Bartender,提供了 12 000 种鸡尾酒配方。人们可以说:"Alexa,问问 Bartender 如何调制'Tom Collins 鸡尾酒'。"

• WebMD,它会回复与健康相关的问题。比如,"Alexa,问问 WebMD'布洛芬的副作用是什么'。"

(3)制作系列营销内容

持续性内容作为内容策略中的中流砥柱,不得不引起高度重视。持续性内容带来的价值是连续持久的,持续性内容已经作为丰富网站内容的主打,在众多不同类型的内容中占据一定份额。内容营销人员可以创建一系列播客、视频、甚至图书,定期推送,为企业的营销内容培养一批稳定的粉丝。

亚马逊是北美最知名的零售商之一。消费者们支付一笔年费就能享受亚马逊会员的服务,包括免费配送订单和观看流媒体内容。在亚马逊流媒体服务中,观众能找到大量原创节目,比如《高堡奇人》和《红橡树》等。这些节目极具娱乐性,能帮助亚马逊留住会员。

虽然创建流媒体视频服务可能超出了商家的商业能力,但商家可以制作原创内容并定期发布,借此来吸引潜在客户,与其互动。

(4) 利用事件营销

合理利用热门事件能够迅速带动网站流量的提升,当然热门事件的利用一定要恰到好处。对于何为热门事件,营销者们可以对数据进行分析,选择形式多样的事件营销,吸引、刺激用户参与品牌互动。企业应放低姿态,不要用高高在上的视角去面对消费者,而是要期望更多的目标消费者参与到他们丰富多彩的事件营销中去,实现卖家与买家的心理互换。例如寻宝游戏情景的插入,将折扣优惠层层递进地与其融合,提高用户的趣味性。

(5) 策划创意式营销

避开容易令用户产生视觉疲劳的营销方式,通过创意式营销的推送,让用户产生眼前一亮的感觉,例如推出夏令营促销通道,不仅可以避免用户对批量节假日促销带来的反感,同时能吸引用户眼球,令用户产生好奇心理,让用户产生信赖感,还可以为以后的节假日营销做铺垫。

(6) 推出品牌故事

不同行业的企业可以利用邮件推出品牌故事,打造产品风向标,有利于用户提高品牌记忆度,而品牌故事也更能打动人,赢得消费者芳心。例如食品行业可以打造有关美食故事的专期推送给用户。当然,邮件品牌故事设计要求较高,在模块、色彩的选择上需要贴合行业以及主题故事本身,主体风格需简单明了。

总之,避免用户对 EDM 产生反感,需要在邮件主题和内容上多费心思;多分析用户心理,从而设计符合消费者喜好的邮件内容。EDM 利用得当,就会为企业品牌和营销带来意想不到的效果。

(7) 讲述公司的创业故事

通过讲故事来更好地与客户建立联系。跨境卖家在创立自己的店铺或者公司后,对公司最了解的人就是自己了,卖家可以通过告诉人们行业里有趣的事情来创造好的内容。写创意、拍视频或者其他类型的内容来讲述故事、介绍产品,通过内容营销来提高店铺流量并提升 SEO 优化效果。

任务二　进行 EDM 实践

项目导入

某电子产品公司在国家政策的支持下,开展跨境电商业务,目前在运作模式及商业模式上都已经取得初步成功。公司创业初期粗放式的管理,实现了企业成长初期的快速发展,为企业带来可观的经济增长,但是在快速发展的同时也凸显了很多问题。要使企业更好地发展,企业需从粗放式管理向精细化管理转型。小王是该公司的一名"00后"员工,他发现公司的EDM推广存在非常严重的问题,具体为:首先,EDM推广目标不明确,没有建立有针对性的目标客户数据库;其次,随着公司的发展壮大,公司没有借助专业的营销平台进行推广,邮件内容也缺乏创意;最后,邮件的转化率偏低。针对这些问题,小王决定有计划地完善公司的EDM推广。

一、设计EDM推广目标

(一)提升企业品牌形象

EDM对于企业品牌形象的价值,是通过在长期与用户联系的过程中逐步积累起来的,规范的、专业的EDM对于品牌形象有明显的促进作用。品牌建设不是一朝一夕的事情,不可能通过几封电子邮件就完成这个艰巨的任务。因此,利用企业内部列表开展连续性的EDM具有更大的价值。

(二)产品推广和网站推广

产品推广是EDM最主要的目的之一,正是因为EDM的出色效果,使得EDM成为最主要的产品推广手段之一。一些企业甚至用直接销售指标来评价EDM的效果,尽管这样并没有反映出EDM的全部价值,但也说明营销人员对EDM带来的直接销售有很高的期望。

与产品推广功能类似,EDM也是网站推广的有效方式之一。与SEM相比,EDM有自己独特的优点:网站被搜索引擎收录之后,只能被动地等待用户去检索并发现;EDM则可以主动向用户推广网站,并且推荐方式比较灵活,既可以是简单的广告,也可以通过新闻报道、案例分析等方式出现在邮件的内容中,获得读者的高度关注。

(三)顾客关系维护

EDM可以帮商家将网站访客转化为潜在客户,抓住未完成交易的客户,给新订阅用户留下深刻印象。对于尚未决定购买的访客,通过推送更多信息帮助他们做出购买决定。商家还可以利用弹出式订阅表格,留住潜在客户。

SalesCycle研究表明,75%的线上购买者会将商品加入购物车但放弃交易。EDM中的自动化流程能够协助商家发送后续营销邮件,促成交易,向订阅用户介绍公司、品牌和愿景,化身为忠实的品牌推销大使。

Email首先是一种互动的交流工具,然后才是营销工具,这种特殊性使得EDM在维护顾客关系方面比其他网络营销手段更有价值。与EDM对企业品牌的影响一样,顾客关系功能也是通过与用户之间的长期沟通才发挥出来的,内部列表在增强顾客关系方面具有独特的价值。电子邮件不仅是顾客沟通的工具,在电子商务和其他信息化水平比较高的领域,同时也是一种高效的顾客服务手段。通过内部会员通信等方式提供顾客服务,在节约大量顾客服务成本的同时提高顾客服务质量。

(四)市场调查反馈

利用电子邮件开展在线调查是网络市场调研中的常用方法之一,具有问卷投放和回收周期短、成本低廉等优点。商家可以通过邮件列表发送在线调查问卷。同传统调查中的邮寄调查表的道理一样,将设计好的调查问卷直接发送到被调查者的邮箱中,或者在电子邮件正文中给出一个网址链接到在线调查问卷页面,这种方式在一定程度上可以对用户成分加以选择,并节约被访问者的上网时间。如果调查对象选择适当且调查问卷设计合理,往往可以获得相对较高的问卷回收率。

在常用的互联网营销手段中,EDM 是信息传递最直接、最完整的方式之一,可以在很短的时间内将信息发送给列表中的所有用户,这种独特功能在风云变幻的市场竞争中显得尤为重要。EDM 对于市场竞争力的价值是一种综合体现,可以帮助企业增加潜在客户定位的准确度、增强与客户的关系、提高品牌忠诚度,帮助商家在节约项目投入的同时,最大效率地提高工作效率和营销效率。

二、建立目标客户数据库

(一)获取目标客户

1.客户的生命周期

企业要重点关注和研究的客户的生命周期是基于客户对于企业的贡献度来决定的,大致可以分为以下四个阶段:考察期、成长期、稳定期和衰退期。

(1)考察期

考察期是企业与客户关系的孕育期,双方在这一阶段进行探索和试验,客户尚未对企业产生贡献或贡献不大。不确定性大是考察期的基本特征,评估对方的潜在价值和降低不确定性是这一阶段的中心目标。

(2)成长期

成长期是与客户关系快速发展的阶段。双方通过考察期的了解建立起了一定的相互信任和相互依赖,产品销量增加,企业从交易中获得的收入已经大于投入,开始盈利。此阶段的目标是进一步融洽与客户的关系,提高客户满意度,建立客户忠诚度,进一步扩大交易量。

(3)稳定期

稳定期是客户关系的成熟期和理想阶段。在这一阶段,企业与客户或含蓄或明确地对持续长期关系做了保证。这一阶段有如下明显特征：双方对对方提供的价值高度满意；为能长期维持稳定的关系，双方都做了大量有形的和无形的投入、大量的交易。在这一时期双方的交互依赖水平达到整个关系发展过程中的最高点，双方的关系处于一种相对稳定的状态。此时企业的投入较少，客户为企业做出较大的贡献，企业处于较高的盈利时期。

(4) 衰退期

衰退期是关系发展过程中关系水平逆转的阶段。关系的退化并不总是发生在稳定期后的第四阶段，实际上，在任何一阶段关系都可能退化。引起关系退化的原因很多，如一方或双方出现了一些不满意、需求发生变化等。交易量下降是这一阶段的主要特征。

此时，企业有两种应对选择，一种是加大对客户的投入，进行客户关系的二次开发，重新恢复关系；另一种做法便是不再做过多的投入，渐渐放弃这些客户，这意味着客户生命周期的完全终止。此时企业有少许成本支出而无收益。

2. 客户分类

处于不同阶段的客户其心理和需求是完全不同的，企业必须针对客户生命周期的不同特点，提供相应的个性化服务，进行不同的战略投入，使企业获得更多的客户价值，从而增强企业竞争力。根据客户所在的不同生命周期阶段可以将客户分成几个大类，见表 3-1。

表 3-1　　　　　　　　　　　　目标客户分类

客户的生命周期	客户分类
考察期	潜在客户
成长期	新客户
稳定期	活跃客户
衰退期	流失客户、退订客户

(1) 潜在客户

此阶段的客户属于考察阶段，他们大多通过朋友的介绍和企业的广告知晓企业及其产品并产生关注，但还没有正式注册或从未购买过企业的产品或服务。这一类客户往往在暗中观察企业的各方面是否符合其要求，有着各种不确定性。

(2) 新客户

这一类客户介于考察期和成长期之间。已经消除了考察期的陌生感，初步建立了信任。进一步融洽与客户的关系，争取建立长期的关系是对这一类客户营销的目标。

(3) 活跃客户

这一类客户一般处于生命周期中的稳定期，是最受企业欢迎的一种客户，也是企业最重要的财富。他们对企业也具有极高的满意度，对企业的贡献度大且稳定。此时企业无须做太多工作,只需要保持住令客户满意的方面。

(4)流失客户

在一定时间内没有打开邮件或未产生购买行为的客户可以被定义为流失客户。流失的原因有很多,可能是未收到邮件,或者邮件内容不符合其需求。

(5)退订客户

对于这类客户企业依然要给予相当的尊重,除了要了解退订的原因,还应发送感谢信对过往的支持表示感谢。建议附上企业的社交媒体账号,让他们在愿意的时候依然可以通过这些途径对企业的产品和服务有所了解。或许在某一天,他们会改变主意,重新回归。

流失客户和退订客户都是非活跃客户。

3.获取目标客户的方式

跨境电商行业拥有较多的消费者行为数据分析,可以通过许可式邮件或者触发的邮件来增加客户的忠诚度。获取目标客户的方式主要有以下几种:

(1)通过活动奖励获取

若用户愿意留下邮件地址,则说明他们对公司的商品及品牌都有一定的认知和兴趣,那么以后通过定期的 EDM 推广,就会让他们对公司和产品更有印象,也更容易成交。为了吸引用户留下邮箱地址,可写上"留下邮箱即可获赠现金券"这样的鼓励语言。

(2)运用二维码

随着移动智能设备的普及,二维码成为线上产品和线下客户交流的一条纽带,商家把网站注册页面制作成二维码,客户使用智能手机等移动设备就可以轻松在线注册,完成信息采集工作。商家还可以把商品信息、宣传推广信息制作成二维码,然后通过不同类型的载体进行传播,包括名片、明信片、微博、网站、微信等。这样不仅可以产生营销效果,还可以提升网站品牌形象。

(3)使用社会化媒体邀请用户

网友间的互动交流,可以快速地扩展信息的传递广度和深度,也可以使 EDM 的效果得到延伸。企业可以适当地通过社交媒体来鼓励客户注册分享。目前 EDM 都带有社交媒体的插件,已有用户向好友推荐订阅邮件,鼓励好友订阅后,商家就可以将他们的个性偏好补充到数据库中。

(4)通过电话捕获

很多客户更愿意通过电话来咨询和了解企业的产品和服务。企业可以培训电话客服人员来说服用户提供邮箱的地址。

(5)整合广告资源,全面"撒网"

充分利用各种广告资源,比如报纸、杂志、电视、网站等,在上面提供 EDM 的订阅入口,通过全面"撒网"搜集用户的电子邮件地址。

(二)建立企业邮件列表数据库

对目标客户分类后,要想成功推广产品,最好的办法是通过收集客户的电子邮件来扩大潜在买家的名单。只有好的资源才能带来好的效果。以下是建立企业邮件列表数据库的八种途径。

1. 借用其他公司邮件列表

通过互惠的交换,在其他公司向其顾客发送的邮件中加入介绍自身的产品或服务的信息。在前期应该放弃部分利润,买主会变为自身的客户,一旦成为忠诚的客户,以后就会经常购买产品或服务,因此,从长期来讲,以这种方式与其他公司合作可以为自身带来丰厚的利润。

2. 公司积累的客户资料

公司积累客户资料的来源包括通过公司网站注册、邮件列表订阅、线下业务往来等。公司积累的客户资料是可充分利用的最好的资源。对于所有生意来说最困难的事情就是寻找新客户,不仅代价昂贵,花费时间,而且很难取得信任。但是,向对你感到满意的客户再次销售产品或服务就会容易很多,因为他们已经认识你而且"喜欢"你。只要你的产品或服务价格公道、质量又好,客户就会继续信任你并向你购买。

3. 网站的访问者

企业可以通过网站的访问者表单建立潜在客户列表。鼓励访问者自愿加入企业邮件列表的策略主要有三种:邀请人们订阅新闻邮件;提供免费的、无版权问题的咨询;请求访问者把网站推荐给他们的朋友和同事。

可利用许多方法与网上浏览者互相影响:向回应者提供免费报告,创建新闻邮件,提供免费软件或共享软件的免费下载,作为报答,通常可以询问访问者的名字、Email 地址;给出适当的理由吸引人们留下联系信息以便和他们保持联系,向他们发送新的产品或服务信息。

4. 推荐

当有潜在客户与企业联系索取免费产品时,请求他向自己认为可能感兴趣的朋友推荐这种产品。当有被推荐的人加入时,发一封个性化的邮件向其解释:你是由你的朋友(给出名字)推荐来的,你的朋友请求给你发一份免费产品。为保证他们不介意将其加入邮件列表,可在邮件结尾加上这样的信息:"为证实这封邮件已经发给收信人,请回复这封邮件,以让我们确信这份邮件已经发送到了正确的地址,我们已经履行了对×××(朋友的名字)的许诺。"如果收件人没有对这份邮件给予回复,那么,为了不引起反感,假定他们以后对企业的产品信息没有兴趣,不要再继续给他们发送邮件。

5. 在报刊或其他社交媒体上发布新闻或者内容

报纸、杂志提供的新闻具有较高的权威性,你可以利用下面的方法建立自己的

Email 列表:在报刊上发表人们必须通过 Email 才可以接收的免费内容,或者可以通过 Email 发表一些引起读者共鸣的话题,在读者回应的过程中收集其姓名和 Email 地址。

在互联网上发布免费的内容(网站或者博客),当用户通过搜索引擎找到你的网站时,你可以通过登录或者订阅等方式收集访问者的电子邮件。首先,你要创建人们可以在网上看到的短视频或者是社交媒体文章等内容。如果短视频平台展示了你的内容,或者他们通过搜索引擎找到了你的文章,这个时候访问者消费了你的内容,并被你的内容所吸引,你所要做的就是在访问者离开之前收集他们的 Email 地址。你也可以通过提供免费的内容(免费的 PDF 文件、免费的电子书、免费的清单、免费的培训等)来换取他们的 Email 地址。

6.广告

无论利用在线广告或者非在线广告,都要留下你的 Email 地址,以鼓励人们通过 Email 与你联系,因为你的目标是把顾客和潜在顾客的 Email 地址收集到自己的邮箱中来,这样,你便可以建立一个电子邮件列表。

在网上生成免费内容,然后发布到免费平台上(比如自己的网站、社交媒体渠道)之外,还可以向内容平台购买服务,让它向你理想的潜在客户展示你的吸引力或介绍优惠。付费广告也是一种可行的策略。

7.直接回应邮件

向潜在客户宣传你的 Email 地址,对利用 Email 回应你的人给予额外的奖励,告诉他们订单很快就会处理完毕,如果利用 Email 回应,将获得一定的奖励。利用 Email 可以联系到的人越多,企业的推广费用就减少得越多(利润就越高)。

8.会员组织

与目标客户在一起工作或拥有相同兴趣的人是最好的潜在客户。如果潜在客户属于一个协会、一个俱乐部、一个学校或者其他组织,总之是因为具有某种共同兴趣或原因而形成的一个群体,就可以通过向他们提供产品或服务的折扣优惠,获得与这个群体产生联系的机会。通过会员组织的新闻或公告宣传对会员的特别优惠,为会员提供服务,这种措施肯定是有价值的。

企业应当树立起构建企业用户数据库的理念,加大企业自有客户在邮件列表数据库的比重。由于邮件列表数据库具有高度的目标针对性及忠诚度,这决定了邮件列表是企业最珍贵的无形资产之一。

(三)目标客户 EDM 策略

1.潜在客户:培养新的订阅者

在年终购物高峰期,卖家网站有很大可能获得新的订阅用户和首次购物者。这些新的邮件接收者对卖家业务来说非常有价值。卖家可以考虑这些建议:

(1)采用适当频率推送邮件。

(2)表达感谢,让他们知道自己是一位重要客户。

(3)针对已经注册但没有购买的客户,可以给他们发送首次购买奖励或者首次购买免费送货福利等邮件。用各种激励手段让没有购买的用户进行首次采购体验。

2.新客户:首次产生订单的客户

对于这些首次产生订单的客户,应该给予更多的关怀。在这个阶段,最好不要一味地促销,这样会让消费者认为这家企业的产品仅仅是便宜而已。

(1)传递品牌的价值。首次产生订单的客户,都有他们自身的独特理由,有的客户是因为价格合适,有的客户是正好有需求,不管什么原因都应该在这个阶段感谢客户的购买,并且向客户传递品牌的价值。

(2)要有周期性的连续营销,不能只发送一次信息。

(3)使用个性化来加强关系(参考任何你已知的数据元素,例如特征信息、喜好信息等)。

(4)采用渐进式更新来收集更多信息。

3.活跃客户:正式会员的提升

消费者从第一次购买开始,逐步会产生第二次、第三次购买,说明消费者对此产品或者品牌开始认可。在这个过程中,可以通过邮件进一步深度挖掘,加强用户对品牌的忠诚度。主要的邮件的主题可以从下几点着手:

(1)满意度调查

通过邮件发送满意度调查,了解客户的想法,发现客户的潜在要求,明确顾客的需要、需求与期望,从而找出让客户不满的原因,诊断出公司潜在的问题并采取措施予以纠正。

(2)定向行为分析

通过分析消费的采购行为,可以全面了解客户的情况,有针对性地发送相关的产品信息,例如客户长期购买某种纸巾,到一定的时间就可以给客户发送相关纸巾的信息,提醒客户购买,或者发送相关的促销内容,刺激客户购买。

(3)交叉销售

借助客户关系管理,发现顾客的多种需求,并通过满足其需求而销售多种相关服务或产品。交叉销售是一种发现顾客多种需求,并满足其多种需求的营销方式。交叉销售是在同一个客户身上挖掘、开拓更多的顾客需求,而不是只满足于客户某次的购买需求,横向地开拓市场。通过相关的数据挖掘,分析客户的其他需求,通过邮件的方式向消费者推荐相关的产品。

(4)激励转介绍

人们一般对陌生商家抱有警惕心理,不敢轻易尝试,直到有身边的人使用了商家的产品,才会放下警惕。对于这种情况,商家激励已有顾客将产品使用经验介绍给他人就显得非常必要。除非顾客的消费体验非常愉快,否则不会主动进行转介绍,商家要有一些激励措施,鼓励顾客去实施,如提供赠品、增值服务等。

(5)优质特权

活跃客户一般是企业的优质客户,具有产品(或服务)消费频率高、消费量大、客户利润率高等特点,对于这部分客户,企业可以向他们提供一些优质特权服务,如折扣奖励、生日关怀、免费送货等。

4.非活跃客户的再激活

目前大部分商家都比较关注活跃用户,对于非活跃用户很多商家的重视度不够,通过对非活跃用户的激活,可以逐步增加流量。通过以下方式可以将非活跃客户再激活:

(1)个性化邮件

个性化邮件并不是什么新鲜的邮件营销方式,很多公司在使用,但大部分公司并没有好好地利用它。通过个性化邮件可以加强与客户的联系,增强客户对品牌的认知。邮件可以使用的个性化的元素有很多种,例如个性化的称呼,"××先生/女士,您的订单信息如下"。

(2)友好的信息

非正式、语气随和的邮件内容比邮件广告信息更受欢迎。因为人们更愿意回应这种邮件而不是纯广告的邮件。

(3)奖励措施

对于消费者来说,具有吸引力的奖励可以引导他们采取行动。企业可以通过提供奖励、折扣或者赠品的方式来鼓励会员消费。

三、选择邮件发送平台

俗话说"工欲善其事,必先利其器",做好邮件营销的首要前提是选择优秀的邮件发送平台。邮件发送平台主要有以下三类:

(一)专业级的邮件平台(数据营销)公司

它们建设有专业的邮件发送平台,发送速度快,可以实现每小时几千封到几十万封的发送速度。同时它们与主要的邮件服务提供商签订协议,对于此平台来的邮件予以放行。因此,通过这类平台发送的邮件,到达率可以保持比较高的水平。同时,电子邮件订阅者的信息被记录在关于人口统计、行为以及喜好的营销数据库中,通过对这些数据的挖掘,可以为每位顾客发送一份不同于别人的促销电子邮件,一份能够与我们所知的顾客的偏好、行为以及生活方式相吻合的电子邮件。相对来说,这类邮件发送的成本也是最高的。

(二)小型邮件发送公司

小型邮件发送公司主要是本土EDM服务商。它们往往拥有几台服务器,靠着这几台服务器大量发送邮件。这种公司发送邮件的成本非常低,往往几百元就可以发送数百万封邮件,但这样的公司很可能导致企业的域名和IP被列入黑名单,影响企业业务正常运营,应注意分辨。

(三)网络上流传的一些群发软件

其基本的原理是通过软件,定时批量发送邮件。如果发送邮件频率太高,也很容易导致域名和IP被列入黑名单。这些群发软件还可能限制企业邮件的发送频率。

需要说明的是,后两种EDM营销平台无法实现邮件的个性化定制,很难实现营销效果的监测和分析。

四、设计邮件内容

(一)确定邮件内容

1.主题(Subject)

有人经常忽略邮件主题,要么就不写,要么写了也不够具体,从而被客户当作垃圾邮件。

客户可能每天要浏览几十甚至上百封邮件,所以需要给邮件确定一个简单、明确、具体的主题,让对方看一眼主题,甚至不用打开就知道这篇邮件要说什么。比如,不只是写"Application",而是写"Application of Reduce Load"。

2.称谓(Salutation)

跟对方邮件来往较多可以用"Hi ××"或者"Hello ××",比如"Hi William"。这种方式通常是用在你和对方关系很熟,或者你已经和对方来往过很多次邮件的情况下。不知道姓名的还可以直接用"Hi"。

头一次跟对方联系时,要正式一点,最好用"Dear+姓",比如"Dear Mr. Green/Mrs. Green"。

如果不知道对方(女性)是否已婚,用"Ms."来代替"Miss"或"Mrs."最保险。如果不知道对方姓氏或性别,可使用"Dear Sir/Madam"。

收件人不止一个时,使用"Dear customers"或者"Dear partners"。

3.正文(Main point)

(1)开场白

Hope you are well.

(2)回复开场白

Further to our conversation earlier...

As discussed over the phone...

Thanks for your kind reply.

Thanks for the update on the situation.

Regarding...

As per my email sent on...

Please help to clarify...

(3)道歉

如果回复晚了,可以这样道歉:

Sorry for the late reply.

如果你出了小差错,比如发错邮件、搞错时间、地点等,在重新发送邮件加以纠正时,可以在结尾加上:

Sorry for any inconvenience caused.

整体的正文内容一定要抓住 3C 原则,即 Clear(清晰)、Correct(正确)、Concise(简明)。重点在于更有效地传达信息,用更简单的句型和清晰的组织来使你写的东西更易读。

4.结尾(Closing)

常用的结尾有:

Let me know if you have any questions or concerns.

If you have any questions,please feel free to reach out to me.

Please let me know if there are questions.

We are looking forward to hearing from you.

We trust you will share us a feedback at your earliest.

We hope that you could reply us as early as you can.

I will keep you posted.

I will keep you updated.

5.落款(Signature)

(1)正式

Yours sincerely,

Yours faithfully,

(2)半正式

Kind regards,

Regards,

(3)非正式

Take care,

All the best,

Signature block

6.邮件内容撰写注意事项

(1)明确邮件主题,标题简明扼要

首先,邮件的标题极为重要,不管你是做新品推广、测评还是索评,邮件的主题必须明确、突出重点且不宜过长,简明扼要地说明邮件内容主题即可。

(2)合理选择关键词,提高邮件打开率

卖家可以利用一些能够吸引客户打开邮件的关键词。

(3)避免使用敏感词,降低垃圾邮件率

要避免邮件被过滤拦截,卖家在写邮件内容时,要注意选词,尽量使用通俗的词汇,避免使用敏感词。

(4)邮件内容要完整,确保邮件内容无误

邮件内容如果附带图片,确保图片选择正确并可以正常显示,这样才能够更好地吸引客户的眼球。

7.常用模板

很多人不懂得如何去规范地发一封邮件,下面是四个模板。

(1)产品推广模板

Hello, I'm glad to have an email with you!

I am a product manager of _____. I learned about your email way in _____. Recently we are also pushing a _____ product. In your _____ I learned that you are very interested in this item. So I want you to know that the following is a link of our store _____, or you can search _____ in _____. You can find us. Recently, we are also doing discount promotions. So there are some discounts. The more discounts we buy through clicking on the email, we suggest you know about it. If you are disturbed, please understand it. We also hope to receive your comments on our products.

Best wishes!

(Shop name) Your name

(2)征求客户对产品/服务反馈意见的邮件模板

Can you take our 3-minute survey?

Dear _____,

Thank you for using _____! We'd love to hear what you think of our _____. Your feedback will help us determine what features to add and how we can make the product better for you.

If you have 3 minutes, please fill out our survey.

Thanks again!

(3)请求 B2B 客户为你的网站或案例提供客户好评的邮件模板

Thanks for the shout-out! Can you give us a testimonial?

Hi _____,

I hope you're doing well! I saw that you gave us a shout-out on _____ the other day. We were delighted! Thanks for your kind words.

I don't mean to impose, but I actually want to ask for a small favor: we're putting together a series of customer testimonials for _____ and we'd love to have yours included.

Would you be interested in providing a few words on how you've been using our _____ and the value you're seeing? Here's a _____ where you can fill out your quote.

Thanks again!

(4)请求 B2C 客户为你的网站或案例提供客户好评的邮件模板

Thanks for the shout-out! We've a small favor to ask.

Hi _____,

We saw that you gave us a shout-out on _____ the other day. We're so glad you had a good experience with us!

We're reaching out to ask for a small favor: we're putting together a series of customer testimonials for _____ and we'd love to have yours included.

Would you consider leaving a short quote about your purchase and your experience with _____ in general? Here's a _____ to a quick survey you can fill out (it won't take more than 2 minutes).

Thanks so much!

(二)设计邮件创意

运用创造力设计出有创意的电子邮件内容,是让电子邮件脱颖而出,实现用户转化的重要方法。企业市场营销人员可以有效地使用图像、文本和布局创建特殊的电子邮件内容,通过一些可行性的改善来帮助邮件营销获得不一样的面貌。

1.选择会讲故事的好图像

一个好的图像寓意无穷,其影响力自然无法估量。但是如何才能摆脱不恰当的图像应用,让图像真正地发挥积极价值呢?

(1)支撑产品的图像

有些营销人员喜欢在电子邮件内容中放一些流行的图片,如明星照片、热门卡通形象等,博取用户的眼球,但是这些图像可能与产品和品牌不是紧密相关的,需要顾客试图去理解它们背后的意义,这可能导致营销的真实目的无法实现。由此,选择邮件图片时要以支撑产品为基点。

(2)重要图像放置在左上角

如图 3-1 所示,眼球追踪是有规律的。用户经常以 F 形阅读邮件的内容。因此在电子邮件中,最重要的图像可沿邮件左侧放置在左上角。

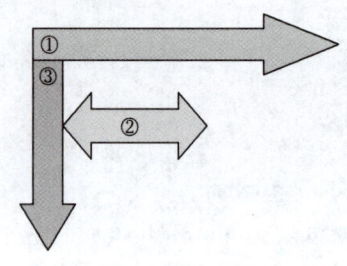

图 3-1　眼球追踪

(3)掌握视觉运动方向

在阅读中,读者的眼睛将随着主要视觉元素的方向进行转移,因此要确保图片的朝向、方位等与商家所期望的用户关注的内容顺序保持一致,管理及引导用户的注意力。

(4)使图像脱颖而出

不要在电子邮件中随意使用一张图片。如果要使用图像,就要使它发挥出最大价值。相比大家一贯使用图像的做法,设计人员可以打破规则,改变图像形状、颜色等元素,让图像看起来独具特色。

(5)无图像也有真相

有些邮件客户端和用户屏蔽了自动显示图片,订阅者可能会接收到无法正常显示图片的电子邮件,因此数字营销人员要确保邮件在无法显示图片的情况下仍然包含所有必要的信息。

2.创建内容文本

邮件是与客户建立和保持长久关系的重要渠道,文本内容是邮件最基本和重要的组成部分,也是影响用户的关键元素。

(1)有吸引力且鼓动性的语言

内容文本的创作方法和技巧很多,但是同时能满足用户和企业需求的文本才能真正算得上是成功的文本。如果具有吸引力的文本成功抓住了用户的眼球,但是并没有刺激用户向企业期望的那样采取行动,那么文本依然还需要斟酌。

(2)保持简单的电子邮件文本

你的邮件只是你的客户收件箱数百封邮件中的一封。因此,在电子邮件营销活动中,尽量使用让客户一目了然的最简单和最相关的内容,而不是堆砌各种华丽辞藻和繁复设计的内容,如图3-2所示。

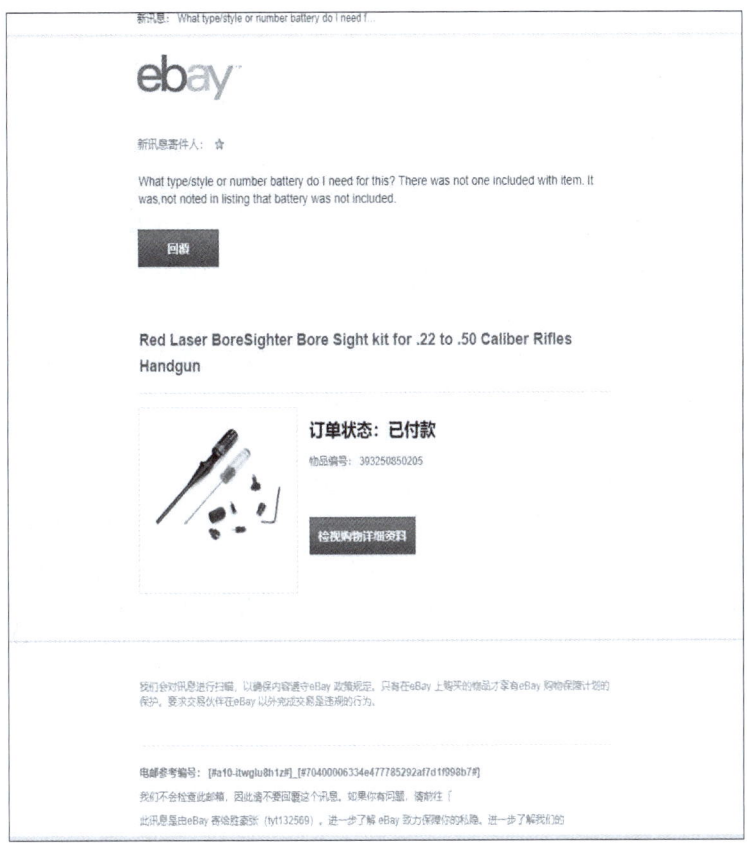

图3-2 邮件实操示例

(3)正确对待社交媒体按钮

不要盲目相信社交分享的功能,而要根据数据评估邮件中插入的社交分享按钮是否达到预期效果。如果没有达到预期效果,需要设计特殊的电子邮件活动来鼓励和提升社交分享。

3.优化邮件布局

一封有效的电子邮件如何布局呢?为了创建特殊的邮件内容,需要对电子邮件的整体布局及各个元素安排进行更加细致的优化。

(1)让邮件可被快速预览

设计邮件的布局,让用户可以快速、轻松地扫视邮件主题、图片、呼吁行动和其他重要元素,了解邮件全盘概要。

（2）吸引用户注意力的开头

在电子邮件营销中，争夺用户注意力的竞争非常激烈，用户可能不会阅读全部邮件内容，但是至少会看到电子邮件最开头或每节段的最开始一部分。利用创意图片、提问、巧妙语言等创建一个引人注目的开头，可以带来意想不到的效果。

（3）说服客户

在引起用户的关注之后，要确保用户明白参与邮件互动的重要性，而让用户参与行动的关键在于在邮件布局中突出展示邮件带来的益处和价值。

（4）突出重点和目的

许多数字营销人员希望在一封邮件中传递所有的内容信息，也有数字营销人员尝试在邮件中实现多重目的，但结果是用户抓不住重点或产生厌烦。在邮件布局中，突出内容重点和保持目的的鲜明性，可以让用户更快地完成转化。

（5）分割布局

一般而言，数字营销人员在一封邮件中需要同时推广多个产品。在这种情况下，数字营销人员可以把电子邮件布局分割到更小的块。每一块的布局参照整体布局要求：开头具有吸引力，内容主体有说服力，结尾具有行动号召力。

电子邮件不仅仅是一个简单的沟通渠道，它同时也为商家和客户之间创造了互动、对话的机会。运用创造性的邮件内容，能够让商家的活动更好地吸引目标受众积极参与。通过对图像、文本和布局等基础对象采用特殊技巧策略，创建让人印象深刻且可带来积极效果的电子邮件内容，能使 EDM 获得更好的效果。

五、分析与优化数据

运用 EDM 平台将邮件发出之后，要对客户的反应进行追踪，查看 EDM 效果。通过对追踪结果的分析，监测邮件的到达率、打开率、点击率以及转化率。通过这些监测手段，可以改进选择受众和发送邮件的技巧。

（一）到达率

到达率是指邮件进入用户邮箱的比例，是成功完成最终转化的第一步。到达率公式为

到达率＝实际到达用户收件箱/发送数量 ×100％

提高邮件的到达率需要注意以下几点：

1. 收集精准的用户邮箱地址

我们首先要弄清楚我们的客户群体是哪些人，他们有哪些行为特征（年龄、性别、兴趣等）。比如，幼儿培训类产品的受众大多是家里有小孩的这部分人群；TOB 类产品的受众大多是企业采购或行政人员。如果企业拥有足够精准的用户邮箱地址，那么企业发送出去的邮件就能引起用户的关注，获得用户打开邮件的机会。

2.不要使用免费邮箱和企业邮箱

免费邮箱或者企业邮箱发送了一定量的邮件之后,就会限制发送,就算发出去了也是进了垃圾箱。所以,群发邮件还是要选择专业的邮件营销工具。一些专业的邮件营销平台,使用自主研发的邮件群发系统,拥有大量邮件发送服务器和发送 IP,加上平台拥有众多功能,EDM 的到达率高达 95% 以上。

3.邮件主题和内容避免出现垃圾词汇

EDM 的主题要避免出现垃圾词汇,比如促销、免费、礼物、折扣、秒杀、报价、便宜、供应、销售、营销、利润、特惠、推荐、商机等。

4.选择合适的邮件营销工具

专业的邮件营销工具可能自带十几种自定义变量,模拟人工一对一发送,邮件到达率高达 95% 以上,而且邮件群发按量付费,不成功不计费。

(二)打开率

打开率是转化率的关键影响因素。收件人看到一封邮件后,会在 5 秒钟内(甚至更短的时间内)判断是否立即打开、稍后打开、不打开或者删除。发件人姓名、发件人邮件地址、标题、上一次收到发件人邮件的时间等是主要影响因素。以下是在使用 EDM 营销时可以有效提高打开率的方法。

1.用好邮件标题

要让邮件脱颖而出,邮件标题在其中有着至关重要的作用。如果邮件标题没有吸引力,客户甚至都不会打开你的邮件,这样即使邮件内容设计得再好、折扣优惠再大也无济于事。

因此,在邮件标题中要突出重点,吸引他们的注意力。

比如,使用 Mailchimp 编辑 EDM 邮件标题时,系统就会提出 4 点要求:"Short and sweet";"Emojis are great";"Space is limited";"Impressive"。每满足一个要求,Mailchimp 就会打上一个绿色的小对勾。另外 Mailchimp 还提供了"recent subject lines"选项,以及"view our subject line guide",根据商家过去的邮件营销活动以及 Mailchimp 的经验,帮助设计一个好的营销邮件标题。

2.合适的图文比例

在邮件模板策划初期就要规划好整封邮件的图文比例。有时邮件背景图会比文字更具冲击力,有时简单的文案就能传神地表达。合适的图文组合,可以让邮件更好地传递信息。

例如,Topshop 的夏日促销邮件,以一张阳光温暖的笑脸作为头图,洋溢着夏日的活泼和清爽。点亮"Summer Sale"的主题,邮件会提醒 Topshop 新一季产品的信息。以 SHOP Now 作为 CTA(Call to Action,行动呼吁)按钮,巧妙融合于头图文案中。没有堆积单品的折扣信息,没有闪烁的数字提示价格。干净利落的促销邮件轻快地向用户传递 Topshop 夏季最后的折扣开始。

3.添加收集邮箱地址的弹窗

添加收集邮箱地址的弹窗,可以极大地提高从网站流量到邮箱地址乃至到订单的转化。商家要考虑好如何设置弹窗,让它在最合适的时间、合适的页面,弹出合适的内容,来提高转化率。

在弹窗内容,尤其是折扣设置上也要注意一点:大额甚至免费的折扣优惠,可能会帮商家收集到更多的邮件地址,但是这些邮箱背后潜在客户的质量可能会更低。比方说,一个做宠物用品的网站,为了获取更多潜在客户的邮箱地址,承诺"提交邮箱就有机会免费获取价值 900 美元的全新 iPhone 12 一台",显然收集到的邮箱地址可能会不少,但是质量就很难保证了。同样的,如果是最常见的"提交邮箱获取 20% OFF 折扣"或者"提交邮箱获取免费电子书《如何训练你的狗狗》",所获取的邮箱数量可能没那么多,但是质量要高很多。

4.使用"Merge Tag"提高邮件打开率

Merge Tag 可以在邮件的标题、正文内容中插入变量,例如我们可以在标题中插入客户的名字,来提高邮件的打开率。注意,这个用法不要滥用,只用在重要的邮件里面。例如在 Mailchimp 系统里面,代表客户 First Name 的 Tag 为"＊|FNAME|＊",代表客户 Last Name 的 Tag 为"＊|LNAME|＊",那么我们在写邮件标题的时候,就可以写"＊|FNAME|＊, Cyber Monday Starts Now!!"当客户 Conway 收到邮件的时候,就会看到"Conway, Cyber Monday Starts Now!!"每个人在标题中看到的都是自己的名字。这个方法在重大的节日促销、挽救订单以及老客户营销上效果很好。

(三)点击率

点击率的统计可以通过跟踪用户点击行为来实现。点击率取决于整体设计风格、用户需求、促销或者主旨内容、号召性元素等。电子邮件的点击率是更为精准的测量 EDM 营销效果的指标。

1.让收件人感觉自己是特别的

除了优惠券和促销,商家还有其他办法向用户表达感谢。比如抢先预览视频、获得新款信息、速达快递等。这种策略的应用不该局限于少部分的 VIP 用户。对于所有用户,商家都应该善加利用,让每一个用户都感觉自己被与众不同地对待。

2.借助颜色吸引用户

颜色影响我们的情绪,甚至驱动我们的行为。比如红色唤起食欲,蓝色让人沉静思考,黄色温暖有爱等。在设计邮件时,公司色是不可缺失的部分,同时也要适时做一些创新,给用户耳目一新的感觉。

3.邮件的排版设计

好的邮件模板配色和排版,会让人感觉舒服,让人有阅读的欲望。邮件内容加入显眼的 CTA 按钮,可以引导用户的下一步行为。

(四)转化率

在线零售网站的转化目标是订单,售卖软件的公司的转化目标是下载,培训机构的转化目标是提交表单。当然也可以自定义其他特定目标,比如浏览某个特定页面(例如节日活动的公告)或者某个特定的行为(例如上传照片、投票、留言等)。

1.给客户提供一个无法拒绝的折扣优惠

无论是"黑五",还是"网一",商家提供的折扣都是吸引客户的关键因素。不过即使这样,也不能为了利润而在产品质量和售后服务上打折。如何在产品售价和销售数量上找到一个平衡点,让总销售额达到最大值,是商家需要思考的重要问题。CTC 对 400 多个网站的数据研究发现,通常情况下,折扣在 20%~35% 的时候,销售额能够达到最大值。

2.为客户提供个性化推荐

通过客户小调查对客户进行细分来为客户提供个性化的邮件内容推送,可以让商家的营销邮件在客户的邮箱中脱颖而出。

在收集客户邮箱的时候,通过几个简单的分步选项让客户提交商家想要的信息,然后将这些信息收集到邮件列表中,再根据这些信息进行客户分类和筛选,进而针对不同的用户群体发送更具个性化的产品推荐和邮件内容,提高邮件的打开率、点击率和转化率。

某跨境电商网站,在收集客户邮箱地址的时候,就对客户做好了分类。他提供了 15 个可以多选的选项给客户,并写道"Please choose your interests below, so that we may provide you with email that is customized to your needs."假设客户是做宠物用品的,可以复选的选项包括:Dogs, Cats, Birds, Fishes 等。那么商家就可以更有针对性地向养狗的用户推送宠物用品,而不是一把抓,一刀切。

3.巧妙使用邮件 A/B 测试

A/B 测试是通过对比测试结果找到更适合营销对象的邮件设计的一种好方法。要想产生很好的营销效果,最重要的是找到需要优化和分析的最佳测试点。比如主题、发件人姓名与发件人地址,目标邮件接收者,发送的时间和频率,邮件格式布局,着陆页上的产品描述、图片位置、表单的设计、表单的"提交"按钮等。

A/B 测试的关键是确认一个因素,通过改变该因素,对比测试结果,分析得到合理的优化方案,从而有效地提高转化率,更好地避免转化过程中的潜在客户流失。

4.合理设计 CTA 按钮引导下一步操作

CTA 按钮是电子邮件活动最重要的元素之一。合理的 CTA 按钮能够唤起用户点击的欲望,对提升邮件营销转化率具有重要作用。设计 CTA 按钮的常见技巧包括:将这个按钮设计在邮件的头部或中间位置;对按钮用简短生动的文字加以注释,说明它的功能特性,如点击注册、点击下载、跳转进入等;放大按钮的尺寸,使用较醒目的颜色,点击后会有明显的色变;在按钮上增加一个手势的提示,给消费者传递点击的信号等。

项目总结

本项目着重介绍 EDM 的核心要素、推广模式和推广策略以及 EDM 实践的步骤,本项目的思维导图如下:

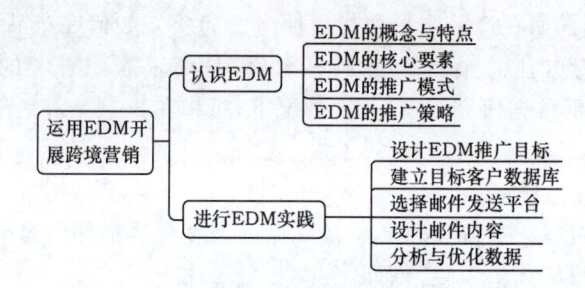

```
运用EDM开     ┌─ 认识EDM ──┬─ EDM的概念与特点
展跨境营销    │            ├─ EDM的核心要素
              │            ├─ EDM的推广模式
              │            └─ EDM的推广策略
              │
              └─ 进行EDM实践 ┬─ 设计EDM推广目标
                             ├─ 建立目标客户数据库
                             ├─ 选择邮件发送平台
                             ├─ 设计邮件内容
                             └─ 分析与优化数据
```

同步训练

一、选择题(不定项选择)

1.EDM 常见的推广目标包括( )。

A.提升企业形象　　　　　　　　B.产品推广和网站推广

C.顾客关系维护　　　　　　　　D.市场调查反馈

2.EDM 营销常见的平台包括( )。

A.专业邮件营销平台　　　　　　B.本地 EDM 服务商

C.群发软件　　　　　　　　　　D.网站

3.节假日营销的三要素包括( )。

A.营销渠道的选择　　　　　　　B.时机的选择

C.目标对象的选择　　　　　　　D.平台的选择

4.EDM 营销效果的数据指标包括( )。

A.到达率　　　　B.打开率　　　　C.点击率　　　　D.转化率

5.EDM 的核心要素有( )。

A.把控邮件列表

B.提升邮件质量

C.把握发送时间和频率

D.选择专业优质的邮件营销平台

E.跟踪反馈邮件发送效果

二、简答题

1.EDM营销如何建立目标客户数据库?

2.EDM营销如何提升转化率?

三、案例实训

某跨境电商平台上的某运动服饰公司因受新冠肺炎疫情影响,线下获客渠道受阻,公司的客户数和转化率锐减。员工小王决定梳理公司的EDM营销推广方案,提升EDM营销推广的点击率和转化率。请你根据公司/产品的现状,协助小王确定本次EDM营销的推广目标、推广步骤、推广媒介以及需要分析的相应数据,并描述具体实施细节。具体见表3-2。

表3-2　　　　　　　　EDM营销推广实训表

推广方案制订步骤	具体细节描述
确定推广目标	
实施推广步骤	
选定推广平台	
数据分析与优化	

项目四

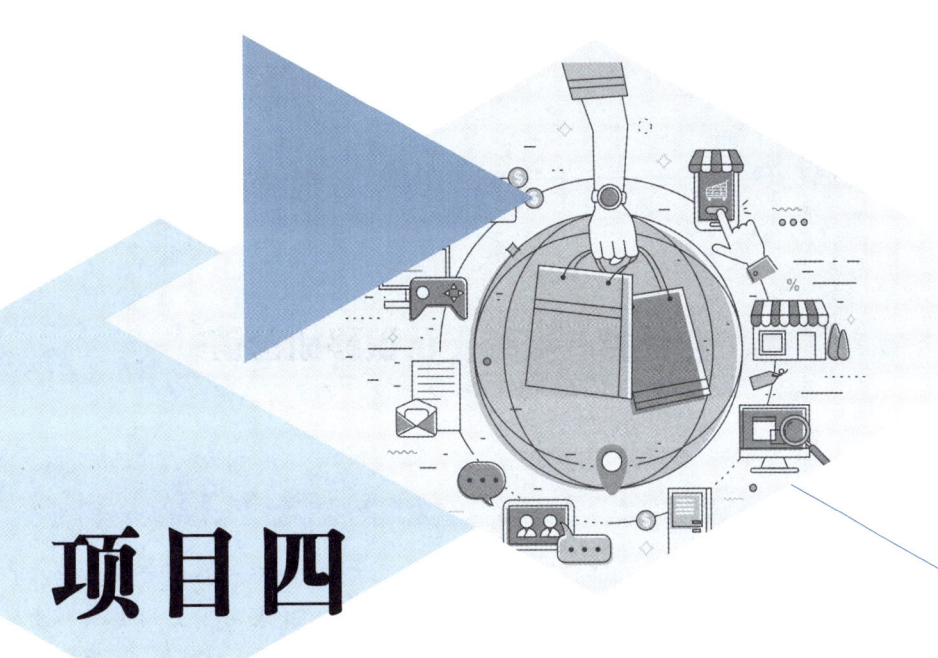

运用移动营销开展跨境营销

学习目标

知识目标
- 了解移动营销的含义和特点。
- 熟悉移动营销的推广渠道和推广方法。
- 掌握移动营销的推广流程。

技能目标
- 能够熟练应用移动营销的推广步骤。
- 能够熟练掌握移动营销的推广方法。

素质目标
- 培养市场敏锐度。
- 学会移动营销分析,提升整体素养。
- 培养团队合作意识。

跨境电商数字营销

任务一　认识移动营销

项目导入

2020年12月11日,以"移路向前"为主题的2020TMA移动营销盛典在广州举行。大会盘点了当年最具前沿价值的移动营销案例,并表彰了业内引领移动营销新风尚的先锋平台。短视频直播平台"快手"的多个营销案例入围评选,最终斩获5项案例奖以及年度最具影响力移动网络平台大奖。

TMA移动营销盛典聚焦营销产业链思维、技术、模式的创新价值,致力于从策略创意、媒介应用、技术支持、效果转化等多个角度,帮助品牌寻找移动营销工具和解决方案,具有很高的行业借鉴与指导价值。

【思考】为什么越来越多的企业开始重视移动营销?什么是移动营销?

一、移动营销的概念

移动营销(Mobile Marketing)指面向移动终端(手机或平板电脑)用户,在移动终端上直接向目标受众定向和精确地传递个性化即时信息,通过与消费者的信息互动达到市场营销目标的行为。移动营销早期称作手机互动营销或无线营销。在强大的云端服务支持下,移动营销利用移动终端获取云端营销内容,把个性化即时信息精确、有效地传递给消费者,达到"一对一"的互动营销目的。移动营销是互联网营销的一部分,它融合了现代网络经济中的"网络营销"(Online Marketing)和"数据库营销"(Database Marketing)理论,亦为经典市场营销的行业升级形态,为各种营销方法中最具潜力的部分。

认识移动营销

二、移动营销的特点

(一)移动端渠道成为数字营销新焦点

智能终端成为数字营销的主战场,移动端流量激增,优质APP资源增多,移动端的营销增速极快,视频广告、原生广告快速增长,未来移动端广告支出将成为移动营销市场发展新的增长点。

(二)海量数据应用使移动营销更精准

移动端数据应用不仅在量级上取得突破,而且在数据背后的用户感知上更加精进,利用数据技术对受众的静态属性、动态属性、消费习惯等进行分析,使得精准营销成为可能。

(三)APP营销成为移动营销主要形式

APP贡献了移动端大多数的流量,也带来了巨大的广告需求,聚合的移动应用广告平台以及移动DSP(Demand Side Platform,需求方平台)、Ad Exchange(互联网广告交易平台)的发展,使得供需更加平衡,APP营销成为移动端主要的营销形式。

(四)全功能打通铺设场景营销

生活类应用在移动端落地,受众的出行、购物、吃喝、娱乐、社交、资讯获取、支付等行为均可在移动端进行,全生态、全功能打通也为移动营销提供了更多有效注意力、用户数据和价值场景。

三、移动营销推广渠道

随着移动互联网的发展,特别是在新基建背景下的5G时代,人们的生活与工作变得更加便捷,可以通过互联网了解世界各地的各种信息,当然移动互联网营销也是现在大众比较关注的一个话题。常见的移动营销推广渠道主要包括以下几种:

(一)PC端

随着移动互联网的兴起,很多人认为PC端的用户数量会减少。数据显示移动互联网发展至今,PC端仍然是不可取代的。通过PC端能够有效对移动客户端进行搜索引擎的优化,同时能够快速投放广告等,让移动端被更多的用户知晓。PC端依然是移动互联网营销渠道中不能缺少的一部分,尽管使用移动端的用户非常多,而移动端的广告推广大多数都是通过PC端制作实现的。目前的移动端还不能像PC端一样完全可视化编辑,在移动端打字与图片美化等还不能和PC端同日而语。

(二)社交类APP

社交类APP是移动互联网营销渠道的重要组成部分,使用社交类APP是生活或工作的一种常态。如我们使用的微信、微博、知乎、豆瓣、贴吧等,这类拥有巨大流量的社交类APP的影响力是不言而喻的。挖掘移动互联网巨大的商机,可以采用社交类APP推广的方式进行营销,如创立微信公众号,发布一些推广的相关信息;或是直接通过微博来进行产品的发布,都是非常不错的营销渠道与方式。

(三)资讯类自媒体平台

资讯类自媒体平台也是比较常见的移动营销推广渠道,如搜狐号、一点号、头条号、百家号等。资讯类自媒体平台的受众群体是非常明确的,能够聚集在一起的定然是拥有相同兴趣和爱好的人。通过在资讯类自媒体平台上发布移动客户端的相关信息,也能够吸引不少的用户群体去关注。甚至可以通过发布相关产品的信息,让更多的人知晓它的存在,进而增加移动端的使用人群。

四、移动营销推广策略

(一)起名策略

移动营销人员应为产品取个特别的名字,最好能让它在众多竞争者中脱颖而出。起名之前,移动营销人员应通过数据分析,从不同维度研究一下受众群体的喜好、风格、购物习惯、个性化需求、购物价格区间、特殊兴趣等。

> **小链接**
>
> **中国几款爆红欧美的产品**
>
> 1.来自东方文明古国的神秘果篮
>
> 据报道,曾有跨境卖家将图4-1中的产品标注为"19世纪60年代中国产的传统果篮",介绍中说该产品可作为精致的"桌面装饰",用于储藏水果或者酒等(图4-2),产品的标价为61.96美元(约合400元人民币)。
>
> 图4-1 中国爆红欧美的产品——果篮

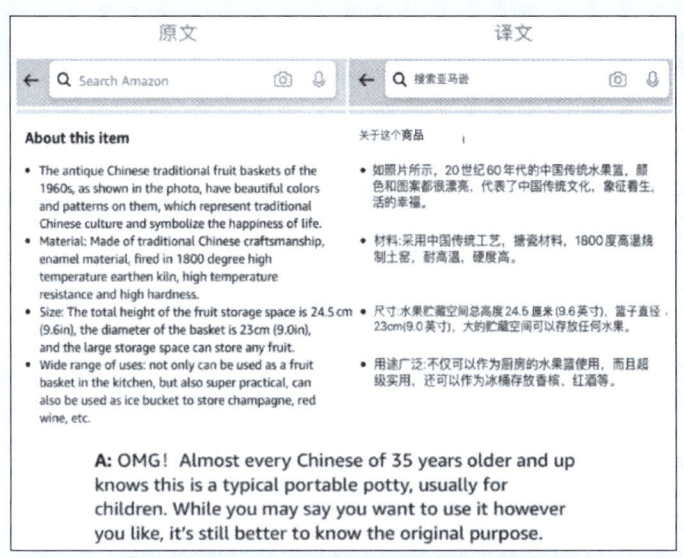

图 4-2 产品介绍的翻译

然而,中国网友们很快就发现图中的产品其实是19世纪60年代农村或城镇普遍使用的痰盂或者便盆。有人在亚马逊留言道出了"玄机"。

不过,在外国人的眼里,这个"果篮"还真的是有着各种各样的用处,如图 4-3 所示。他们也发挥了想象力,把这款神秘的东方"产品"用到了极致,成为流行欧美地区的爆款产品。

图 4-3 外国人眼中该容器的用途

在境外购买者的眼中,它作为面包和其他美食容器,十分喜庆、别致,有时代感。作为红酒的保温桶也不错,甚至可以成为大号的醒酒器,盛放水果实用而优雅。

2.中国老字号——回力鞋

在运营推广时候,跨境卖家为图4-4中的回力鞋起的名字是"复古弹力鞋",迎合了许多欧洲年轻一族的复古思潮,同时又满足了他们追求舒适与东方柔美的情愫。这种黄色牛筋底、红蓝花纹的小白鞋在20世纪80年代的中国几乎是随处可见的"地摊"货,传入法国瞬间爆红,成为巴黎时尚界的宠儿。明星红人、时尚达人对标价50欧元/双的中国回力鞋追捧有佳。

图4-4 中国老字号——回力鞋

(二)图标策略

为APP设计一个足够吸引人的图标(icon)。图标应该容易识别,而且足够显眼,特别是当用户的手机屏幕上堆满了一批批APP时,如果你的APP的图标如果能够一眼就被认出来,那就再好不过了。

小链接

图标的用途

在一个长期稳定的大型居民区,李某十几年以来在此地靠自己家祖传的手艺做油酥烧饼。他家的烧饼香脆可口,得到了周边居民的好评。通过消费者口碑宣传,整个县城的百姓都慕名而来购买李某的烧饼。在此处也没有别的竞争对手卖此类产品,李某为了方便其他客户找到自己,找了块白色的布,在白布上面画了个圈代表烧饼,挂在自己门店旁边。由于此地烧饼出名,王某在附近也开始经营烧饼生意,王某为了拉拢生意,做了一个比较醒目的招牌"油酥烧饼",生意红火程度超过了李某。李某思考很久,为了更方便客人寻找到自己,请人设计了一个烧饼图案,底色是金黄色,烧饼上面撒着黑芝麻,十分诱人,烧饼图案的旁边还配上自己的名字。在众多消费者口口相传中,人们识别的就是烧饼图案,并以此快速找到李某的烧饼。从此,李某的烧饼图案成为标志性的品牌图案。

李某的图标的发展经历了以下四个阶段:

① 无标识或弱标识,人即品牌;

② 模糊标识,竞争相对少,只需要与他人不同即可;

③ 明确标识,竞争升级,既要区分出与别人的不同,又要体现自己的特色;

④ 抽象标识,目的是便于区分,易于理解,便于传播。

1. 图标的色彩选择

色彩之于图标最重要的作用是吸引消费者的目光,渲染出设定的氛围,作为产品形象输出的背景。当消费者在浏览手机 APP 时,翻屏速度较快,注意力是发散的。色彩是用户的第一视觉点,色块在眼前划过,造成视觉冲击。好的色彩搭配会吸引用户的视觉停留,获取宝贵的点击机会。

(1)现有产品图标的色彩选择。对已经存在于企业网站的现有产品,社交媒体有展示记录,确定了品牌色,在这种情况下应该延续现有的配色,保证传播形象的统一,让用户看到这个颜色就能联想到之前用过的产品,让用户有进入界面看新产品的冲动,达到有效引流。

(2)新产品图标的色彩选择。如果是一款崭新的产品,选择色彩时可以从以下几个方面考虑:产品属于什么行业,业内通用的识别颜色有哪些方案。可以尽量靠主题识别色,选择近似的颜色,这样有利于用户对产品产生印象。如果行业没有统一识别色,可以从产品功能上,考虑产品能给用户提供什么帮助,是属于信息展示类 APP 还是工具类 APP,具体可以参照通用的冷暖色调理论和平面设计的配色方案。总体来说,对色彩的要求是要区别于其他产品,能烘托产品氛围,吸引用户的注意,让用户关注到该 APP。

2. 图标的图案设计

图案是用来沟通的,通过特定的形状让人们产生联想,比如红十字的图会让用户想到医院,想到健康;汽车图案会让人想到产品与汽车相关;飞机图案会让用户想到旅行;等等。利用行业的固定形状场景,很直观地让用户了解产品的使用场景和功能,进而产生兴趣。图案大体可以分为以下三种:

(1)对实际物体的抽象和引申

比如摩拜单车的图标上的自行车图案,如图 4-5 所示,让人一看就知道这是和自行车相关的应用。苹果地图应用的图标也属于这种。

图 4-5　摩拜单车的图标上的自行车图案

不管是拟物化图标,还是平面化图标,都是对实际物体的抽象和引申。另外,平面化替代拟物化是必然的。产品刚开始推出的时候,还是新事物,必须使用比较真实的拟物化图标来告诉用户每个应用是干什么的;后来用户越来越多,再进行进一步抽象升级,图标就不需要那么形象地表示事物了,只需要让用户在看到图标时能理解这个图标代表的是什么就可以了。

(2)对行业代表性图标的变形

如铁道部 12306 的图标,其图案就是常见的铁路部门的示意图标。同花顺的图标是一段简单的 K 线,让用户一看就是和股市相关的应用。

(3)对文字的变形

天猫的图标(图 4-6)的上半部分就是"天猫"两个字,仅在"猫"字上面做了些许变形,而且还特别醒目。

图 4-6　天猫的图标

3.图标中的文字设计

图标中的文字要精准地传达品牌和产品信息。如果在图标上加文字,首先考虑的是要传达的信息是什么,这个信息能不能通过图标本身进行传达。确定要加文字,就要思考加在图标的哪个位置。一般将文字加在整个图标的底部为最佳。

总之，设计图标时需要根据产品阶段（新产品还是已有产品）、所属行业（电商、信息、游戏）的不同来选择合适的色彩（夺人眼球）、合适的图案（品牌形象）和精准的文字（信息传递）。

设计图标时一定要考虑到用户浏览、使用 APP 时的目光关注点是从大到小、从上到下的方式，仔细体会用户的习惯才能设计出优秀的图标。

（三）ASO

ASO（APP Store Optimization），即应用商店优化或应用市场优化，一般是指提升产品在各类 APP 排行榜和搜索结果中的排名。ASO 类似移动 APP 的 SEO 优化。

ASO 最开始是 APP 在 iOS 端的优化，后来慢慢演变成了 APP 基于 iOS、安卓在各个应用市场的优化。在 iOS 端，因为苹果的应用商店占据绝大多数的市场，所以一般优化策略都是针对苹果的应用商店，而安卓端有 360、应用宝、小米等大大小小的应用市场几十个，每个市场规则不尽相同，因此 iOS 端和安卓端的优化是有很大不同的。

依靠超强关键词设置能力冲入大家视野的 APP 屡见不鲜，前有喜马拉雅"搜什么都有它"的传奇，后有牛股王"搞定热度 10 000 的股票关键词"的佳话。因此，在进行 ASO 时，首先要审查关键词的设置是否符合规则。

1. 关键词优化的基本原则

（1）关键词权重排序。APP Title ＞ Keywords ＞ APP Description ＞ IAP item Name/Description，即应用名称＞关键词标签＞应用描述＞应用内购买名或描述。

（2）APP Title 与 Keywords 的关键词排重。APP Title 与 Keywords 中出现同一关键词时，权重无法形成叠加效应，只会被计为一次。因此，同一关键词如果在 APP Title 中出现，则不要在 Keywords 中再出现，避免浪费字符。

（3）利用副标题强化关键词。APP Title 往往采用主标题加副标题的形式，副标题除了承担介绍 APP 作用的功能之外，还要着力多提及关键词。如小咖秀的副标题"表演飙戏 APP，自带美颜美妆功能的拍摄神器"中提及了"表演""飙戏""美颜""美妆""神器"等关键词。

（4）轮流战术。在更新版本时可以轮流优化各个核心关键词，当已有核心关键词排名靠前时，可选用其他的核心关键词继续优化。

（5）Keywords 中越靠前的关键词权重越大。

（6）产品描述中的字数没有限制，建议控制在 300～500 字，保证核心关键词以 8～12 的频次出现，最好出现公司联系方式，如公众号、企业微博账号、客服 QQ、QQ 群等。

2.关键词优化的三个基本概念

(1)关联性(Relevance),是指某个特定关键词与自家应用或目标用户之间的相关性,不相关的关键词很难产生有效转化。

(2)难度(Difficulty),是指某个特定关键词的竞争激烈程度,对应值越高意味着它越难进入排名前列。

(3)流量(Traffic),是指某个特定关键词在搜索中被搜索的次数,次数越多,对应的值就越高,就是我们常说的高热度词。

上面三个维度的设置出现问题或APP本身没有可观新增量,关键词排名在30名外属于正常值。我们在追逐高热度词时一定要结合APP的现状进行分析,设计一套关键词的整合公式,比如"高关联性 + 适中难度/流量 + 靠前放置 = 关键词引入高下载量"。

3.分析关键词

沿着品牌词—关联词—竞品词—竞品关键词的思路挖掘理想的高关联度关键词,可以使用相应的工具,比如用APPDUU查询竞品词和竞品关键词或进行关键词拓展。下面以波罗蜜全球购为例进行详解,见表4-1。

表4-1　　　　　　　　　　波罗蜜全球购关键词挖掘

类别	关键词	排名	相关APP数量
品牌词	波罗蜜	1	30
	波罗蜜全球购	1	1
关联词	海淘	3	550
	全球购	15	178
	代购	3	629
	海淘代购	3	252
竞品词	海蜜全球购	15	79
	蜜淘全球购	18	68
	辣妈商城	32	61
	亚马逊	35	355
	达令	28	71
	蜜芽	53	116
竞品关键词	海外代购	/	243
	全球扫货	/	76
	淘全球	/	76
	免税店	/	199
	免税淘	/	61

(1)关联词查询:使用关键词拓展功能可以发现更多关联词,但要注意筛掉低质词。

(2)竞品词查询:使用工具中的 APP Store 搜索或 iPhone 手机 APP Store 搜索等功能,搜索行业热词就可以找到该关键词的竞品词有哪些。

(3)竞品关键词查询:在工具中添加竞品信息,分析竞品有哪些关键词。

4.选择合理难度的关键词

设置关键词时,如果能使用几个难度低、流量高的"黑马词",可以事半功倍。具体可从以下两个角度分析关键词的难度是否合理。一是该关键词相关 APP 的数量和 APP 本身的热度;二是关键词的热度。比如使用工具 APPDUU 来查询关键词有哪些相关的 APP,使用工具 ASOU 来查询关键词的热度。

通过使用 APPDUU 等工具搜索关键词"海淘",可以看到排名前五的关键词分别是蘑菇街、蜜淘、波罗蜜全球购、洋码头、洋葱淘,"海淘"热度超过 8 700,并呈现持续上升的趋势,优化难度很大。

5.选择适当流量的关键词

流量的判定可以结合百度指数进行综合判定,如图 4-7 所示。以"全球购""海淘""海外代购"为例,检索指数如图 4-8 所示。

图 4-7　百度指数

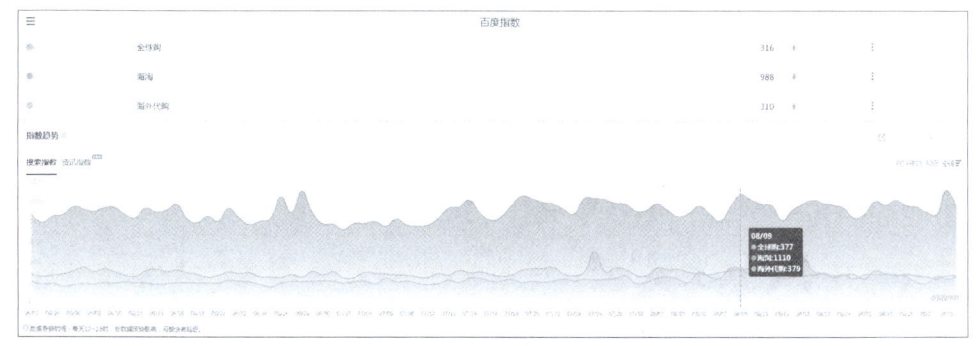

图 4-8　检索指数

6. 追踪关键词

关键词追踪需要关注的数据包括 APP 的排名等。可用点点数据等工具追踪 APP 的排名和关键词的搜索指数等,如图 4-9、图 4-10 所示。

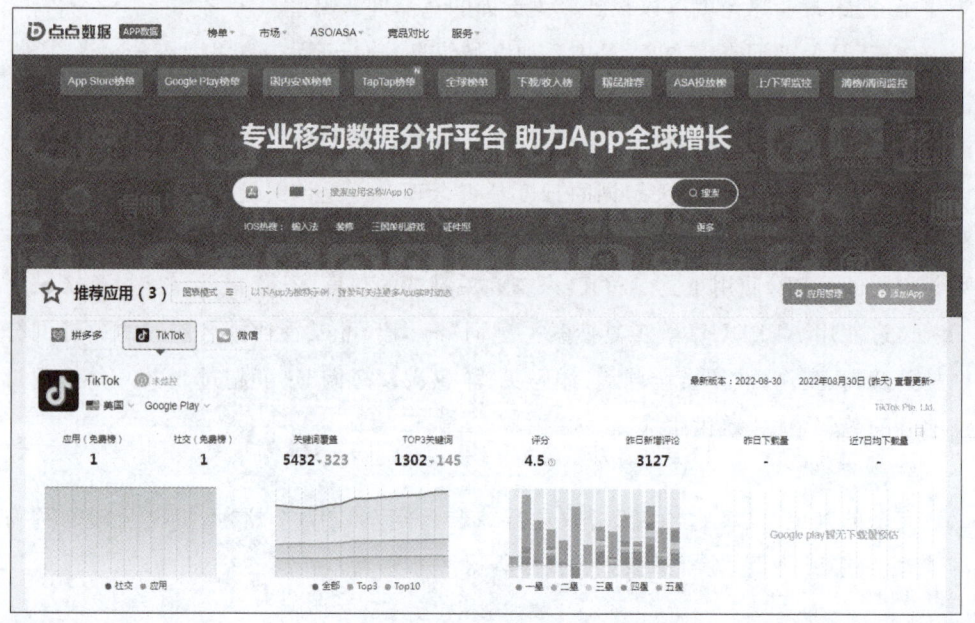

图 4-9 数据点点

图 4-10 用数据点点查询关键词搜索指数

在这些工具中添加想要追踪的多个关键词,根据历史的热度变化可以初步预判关键词能带来多少流量,如图 4-11 所示。通过使用这些工具,可以最大限度提升我们的工作效率。

图 4-11　关键词对比

7.关键词排名提升计划

(1)关键词与评论

想要增加关键词的覆盖数或提升现有关键词的排名,将这些关键词放在评论中是较为有效的方式。评论中高密度出现的关键词,不仅可以增加收录的概率,还可以提升现有关键词的排名。

那么多少评论量会对排名有显著影响？由于各家 APP 自身的每日新增不同,量级也是波动的。一般来说,热度在 6 500 以下的关键词,一天有 10~20 个评论,排名会出现显性提升；热度在 6 500 以上的关键词,一天有 20~50 个评论,排名会有不错的提升。

(2)关键词与长尾词

设置关键词时应该选择使用热度高的词还是热度适中的词？这个问题要视 APP 具体现状而定。如果 APP 的日新增比较理想或推广费用比较充足,可以选用这些关联度高的高热度词进行重点优化；否则选择热度适中且与 APP 关联度较高的词。

当然也可以通过另一种方式进行优化,即优化高热度关键词的长尾词。例如,旅游类 APP 可以重点优化"周边游""周末游""同城旅游"等长尾词,这样不但能获取流量,而且对提升高热度词的排名有帮助。

(3)关键词导量

如果优化后的关键词排名依旧没有达到预期,就需要寻找新的优化途径——导量优化,即通过引导用户搜索指定的关键词下载 APP,在短时间内积累大量的搜索、下载、激活,来快速提升关键词的权重,进而影响关键词的排名。

导量优化的核心在于导量的真实性。从苹果 App Store 的规则判断来看,使用时间越长的 iOS 账号,对应的账号权重就越大,优化的效果越佳；如果导入一批新的 iOS 账号量,会出现效果不显著的情况。

五、移动营销推广方式

(一) FacebookPage 推广

境外社交巨头 Facebook 一直以来都是跨境电商 APP 的推广必争之地,移动营销人员要即时关注 FacebookPage 更新的推广要求。

(二) YouTube 推广

创建一个 YouTube 专页,收集一些和产品相关的视频,并且制作一系列相关视频,也会得到意想不到的推广效果。

(三) KOL 推广

找一个目标用户群体中的意见领袖,与其合作进行 APP 推荐。这种方法在境外是非常有用的,很多跨境电商产品都在用,方法也很简单,只要产品质量让他们感到满意,绝大部分 KOL 都愿意开展合作。

(四) 论坛推广

不管线上线下,只要发现与产品相关的论坛和会议,尽量多带着产品参与其中,这是一种获得高质量目标用户的有效办法。

(五) 热点事件推广

及时发现和产品相关的热点,如新闻、事件等,并发布和产品相关的内容,把握事件发生的时效性。

(六) 邮件推广

电子邮件推广是针对现有用户的一种非常行之有效的运营方,境外用户对电子邮件的使用程度比境内用户要高很多,所以如果想让 APP 的转化率和活跃度都能够长期维持在较高水平的话,一定要做好电子邮件营销。

(七) 问答社区推广

在各种问答社区(如 Quora、LinkedIn Answer、Yahoo Answer 等)回答相关的问题,让产品在目标用户出现的场所高频出现。

(八) APP 测评网站推广

把产品提交到各种测评网站上,如果被网站编辑发现并且进行测评,那就会带来很大的流量。由于市场上 APP 众多,想要被发现、被测评,肯定不容易。所以,如果发现测评申请邮件一封封都石沉大海了,也不要灰心,可以改进后继续投递。

六、移动营销推广的注意事项

(一)控制 APP 大小

一定要控制 APP 安装包的大小,特别是在 GooglePlay 上架的 APP 更要控制 apk 大小,最好能让用户在 3G 网络下也可以放心下载(小于 20MB)。据调查,95%的用户会根据安装包的大小来参考是否要下载一个 APP。

(二)争取好的用户评论

用户评论和评星是影响 APP 排名的重要因素之一。邀请用户进行真实的评价和评星,最好保证每个 APP 版本的用户评价都在 4 星以上。

如果一个版本中收到多个用户的一星差评,需要立即确定是不是产品出问题了。如果有竞争对手在发布恶意差评,尽快搜集证据,进行举报。

(三)使用邀请码

使用邀请码让用户进行自传播,从而获取更多用户。这样的成功例子比比皆是,这里不赘述。值得一提的是,GooglePlay 也上线了 Promo Code 功能,每个应用每季度可以创建 500 个 Promo Code,用以帮助开发者获取新用户。

(四)将 APP 提交到不同的应用市场上

和境内五花八门的应用市场不同,境外主要的应用市场一直是 App Store 和 GooglePlay,针对境外用户,开发者只要做好这两个市场,可以获取绝大部分流量。但是境外也有一些小的应用市场占有一定的市场份额,比如亚马逊商店、三星商店以及其他一些第三方应用推荐分发市场如 1mobile、appolocious 等。

(五)注重应用分享入口

让用户在 APP 里可以找到"分享"的按钮或跳转到应用市场评价的入口,并且要经常邀请核心用户去向他们的亲朋好友分享。

(六)注重应用市场的 APP 截图设计

在应用市场里 APP 的截图一定要足够吸引人,能够突出产品的卖点和特性,并根据版本的更新迭代,适时更换对应的截图。

任务二　移动营销推广与实践

项目导入

第六届移动互联网营销峰会暨金鸣奖颁奖典礼于 2020 年 12 月在上海举行,由央视新闻等多个客户端联合出品的 8 集美食纪录片《小店看中国》获评"最佳移动营销案例"。

纪录片《小店看中国》,以中国美食为切入点,在介绍南京、郑州、重庆、成都、长沙、西安、东莞、杭州等 8 个城市地方风味的同时,也记录了小店店主努力改善困境、积极拥抱生活的热情,折射出了国内小店经营者坚韧向上的精神。

整部美食纪录片背后隐藏着浓厚的人情味,在央视新闻、腾讯视频、爱奇艺等多个平台播出后,引起了食客对当地美食的热评,以及对家乡小店的记忆和支持。

【思考】《小店看中国》以小见大还原本色的主题,得到了更多认可。多个客户端参与了本次纪录片拍摄,成为一次成功的移动营销推广实践,请你就此思考如何进行有效的移动营销推广?

一、构建用户画像模型

截至 2020 年,全球智能手机用户量超过 1 亿的国家有 6 个,除了中国之外,还有印度、美国、印度尼西亚等。具体来看,作为全球第一大智能手机市场的中国,拥有高达 9.12 亿的智能手机用户。印度的智能手机用户量为 4.39 亿,位列全球第二。美国的智能手机用户量居全球第三,为 2.7 亿。印度尼西亚可能出乎很多人意料,智能手机用户量超过了 1.6 亿。此外,日本的智能手机用户量也超过 7 600 万。

移动互联网给我们的生活、工作带来了深远的影响。通过智能手机等移动终端,人们每天在网络世界与现实世界中自由切换,在这个过程中,所有的行为几乎都被记录了下来,由此所产生的海量社交数据、搜索数据、购物数据等各种各样的信息就成了商家可以深度发掘的无形资产。

移动营销的目标是建立在大数据基础上的用户画像。

所谓的用户画像,简单来说就是根据用户的社会属性、生活习惯和消费行为等信息而抽象出的一个标签化的用户模型,也就是将用户信息标签化。

比如说,王某,30 岁,女,已婚,3 岁孩子的妈妈,一线城市,高管。"30 岁""3 岁孩子妈妈""一线城市"等,这些都是贴在王某这个人身上的标签。

收集这些用户标签有什么用呢？我们可以根据这些标签了解用户偏好,挖掘用户需求,精准营销,进行个性推荐,提高广告投放的转化率。对于跨境电商数字营销人员来说,用户画像可以极大地提高运营效率,帮助精细化运营。

构建用户画像模型,应该从收集用户信息开始。

(一)用户信息标签

用户信息的收集包括用户基础要素、用户场景、行为偏好、个性心理、人际交往等多方面。用户信息标签可以划分为静态标签、动态标签两大类。

值得注意的是,用户信息数据包含的范围非常广,特别是动态标签数据具有多变性,因此建立用户画像模型也是一个不断完善的过程。

图 4-12 列举了用户信息数据的部分标签。

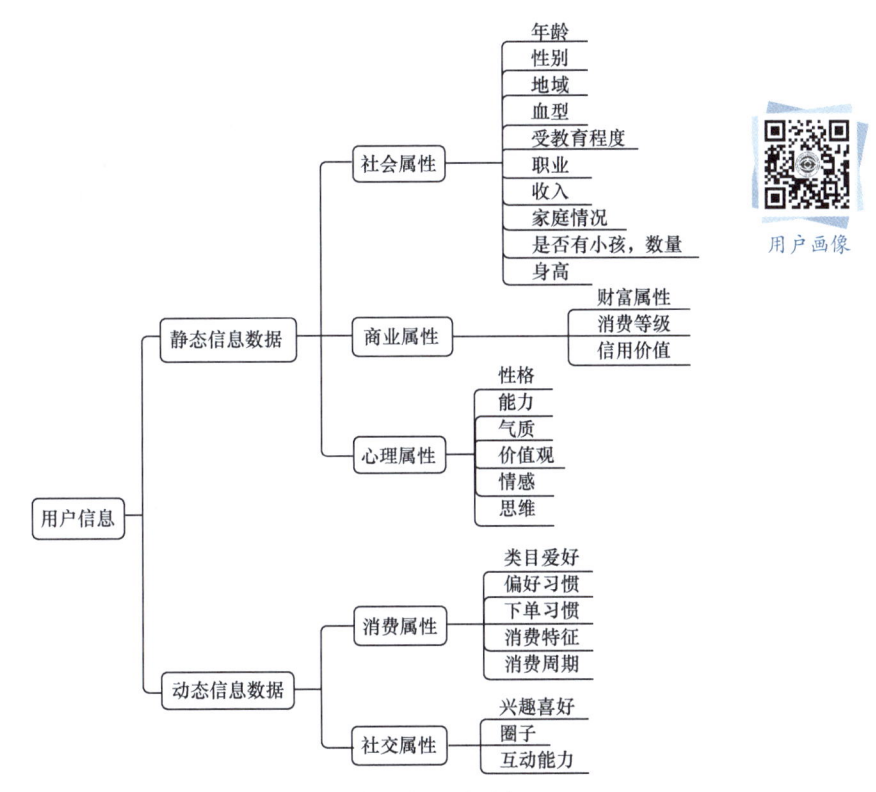

图 4-12 用户信息数据的部分标签

1.静态信息数据

静态信息数据是构成用户画像的基本框架。具体可以参考成熟企业的静态信息模型,快速地帮助我们完善画像维度。

2.动态信息数据

所谓的动态信息数据其实指的就是用户的网络行为,包括搜索、浏览、注册、登录、签到、发布信息、收藏、评论、点赞、分享、加入购物车、购买、使用优惠券、使用积分等一系列的行为。

用户行为取决于网站的属性,比如电商网站能收集到更多用户的消费属性。而社交网站则更容易收集到用户的社交属性。

通过统计真实的用户行为,给用户打上不同的行为标签,然后建立模型标签。比如人口属性、用户活跃度、用户兴趣爱好、用户满意度、渠道使用偏好、购买偏好、内容偏好、用户关联、用户风险评分等。通过模型标签,进一步建立预测标签,如:人群属性、消费能力、流失概率、违约概率、近期需求、潜在需求等。

以微信公众号为例,静态信息数据包括:用户的性别、年龄、职业、工作城市、毕业学校等;动态信息数据包括:关注了哪个公众号、在哪个时间阅读了哪篇文章、给哪篇文章点赞、给哪篇文章留言、分享哪篇文章、使用哪个设备终端、取消对谁的关注等。更深层次的动态数据还有:在一篇文章停留了多久、阅读完成率是多少等。

收集用户信息的过程中,除了研究用户的事实数据,还会研究用户的心理现象,特别是需求、动机、价值观三大方面,从而了解用户注册、使用、购买产品的深层动机;了解用户对产品的功能、服务需求是什么;认清目标用户带有怎样的价值观标签,是一类什么样的群体;等等。

(二)采集用户信息的渠道

1.初创期产品

这个阶段的产品用户信息数据较少,可以通过调查竞争对手和直接的用户问卷调查来获取,这是对用户信息的泛调查。

这个时期更多的是对静态标签的收集,以确定目标用户,优化完善产品功能、设计、内容。

2.成长期产品

这个阶段的产品已经被市场认可,各项数据处于上升期,企业可以直接对产品后台所反馈的数据进行整理,建立更为详细的用户画像。

建立这个阶段的用户画像的意义在于精准营销,使产品的服务对象更加聚焦,更加专注,能更好地满足用户的需求,优化运营手段,并提升公司的经营效益。

3.成熟期产品

这个阶段的产品市场地位稳定,日常工作也大多以维护为主。这个阶段的用户画像可以将初创期的泛调查与成长期累积的用户画像结合起来做。

这个阶段可以通过用户画像寻找新的增长点和突破口。

移动营销的关键词是增长、裂变、新人类、下沉及"粉丝"经济。增长体现在智能家居、生鲜O2O、即时应用、短视频、生活服务等方面；裂变主要体现在社交媒体的裂变营销；新人类体现在Z世代（"95后"及千禧一代）的崛起；下沉体现在手机APP下载量向三四线城市下沉；"粉丝"经济体现在"粉丝"成为移动营销中一个新崛起的经济体。

二、选择移动营销内容

企业拓展移动互联网业务，不是简单地做个APP，或者利用移动终端展示下广告，或者运营个微信公众账号就行。移动互联网带来的是一场新的生态传播逻辑和路径改变。

移动互联网作为一个新的服务界面，需要思考如何以用户为中心，通过与用户的关系互动，基于用户的兴趣图谱的建立形成新的消费圈层，通过与位置的关联，让营销与本地化和场景化结合，满足消费者即时即兴的消费需求，建立实时性的营销通路。

（一）选择移动营销的广告内容

企业要考虑的不再是简单的广告覆盖多少人、发布多少频次，而是思考如何让广告成为人们愿意分享和扩散的内容，让大家使用企业的产品或服务后，愿意积极主动地通过移动互联网与其他人进行分享。要取得这样的效果，广告的内容创意和媒介场景的适配性就变得非常重要。

企业发布在社交媒体上的广告，需要考虑用户的社交行为、兴趣背后的数据，通过内容分析，让广告在社交媒体的信息流中出现。同时，在广告中引入真实好友关系链，可以帮助广告打造出"好友的推荐是最好的广告"的场景。

现在境外兴起的原生广告，其主要特征就是提供价值内容，让受众接受并喜欢、愿意去看，并能融入媒体环境，用媒体惯用的语境或者说话方式跟消费者去沟通，而不是以广告主的方式去沟通。同样的，内容原生场景也在改变很多场所的广告内容和形式。例如，消费者在写字楼等电梯的时候，品牌在楼宇媒体上的广告，就需要考虑如何让写字楼的用户群体在短暂的时间内可以触发即时的分享和行动。在电影院中，贴片广告应该和电影的主题有关。当消费者觉得这些内容和他所处的场景有关时，消费者就会愿意自发地进行后续扩散传播。这时候，广告对于消费者来说就不是干扰，而成为大家希望看到的内容，那么，企业就可能得到移动互联网上更多消费者的"分享""点赞"和"转发"。

(二)选择移动营销的传播路径

所有的媒介都需要思考如何与移动互联网发生关系,二维码、AR、基于位置的无线 WiFi 和小区广播的技术都已经成熟,移动支付、NFC 也正在引爆。因此,未来企业需要思考如何通过新的技术对接与手机建立关系,并将手机与其他媒介进行关联,让媒介之间通过手机实现无缝链接。

手机是一个带有情感和情绪的终端,移动互联网本身就是基于消费者生活场景和地理位置而产生的。因此,需要考虑如何与手机进行交互营销,通过手机抓取用户的兴趣爱好。同时,在品牌所使用的媒介中,要思考如何制造可以用移动社交媒体发酵的内容或者品牌故事。在移动互联网的应用中,也需要思考如何将移动互联网与人们生活空间中的场景化、空间化和生活化的媒体协同,将品牌的势能落地转化成销售力和品牌印象。

在信息越来越碎片化、媒介越来越分散化的时代,内容、娱乐、体验、社交、互动、族群成为传播新的关注点,消费者情绪的引导与心灵共鸣将会成为新的营销目标,移动互联网将重塑品牌与消费者、媒介与消费者、消费者与消费者的关系,同时它也在改变传播的格局、逻辑和模式。

三、受众群体划分

艾瑞咨询调查报告显示,互联网整体人口红利基本消失,各企业开始将竞争的焦点转移至垂直群体市场。群体市场的消费者具有同类特点,对于企业而言,其推广成本更低、收益更明显、商业模式更加清晰。2020年女性市场规模达4.8万亿元,老年市场规模达4.6万亿元,小镇青年、Z世代、单身人群群体规模超亿人,各类群体市场均进入万亿级市场。但不同群体间的需求差异十分明显,新中产人群追求品质生活,Z世代人群个性化消费需求更为明显,垂直群体对产品适配性要求更高,因此服务各群体市场的产品也需要更具有针对性。

(一)女性经济

女性消费者在娱乐、生活、购物方面对互联网依赖程度较高,对母婴、海淘、外卖需求较高,短视频是女性网络用户重要的娱乐方式之一。

最受女性用户喜爱的产品涵盖摄影图像、女性健康、亲子关系、视频娱乐、电商购物等领域。女性自主、独立意识的觉醒提高了女性对身份归属感的需要。当代女性更加追求美与时尚,更加重视女性健康,而网购也成为女性生活中不可或缺的购物方式。

(二)银发经济

数据显示,老年用户偏好的 APP 以社交、阅读、娱乐类为主。老年用户的线上阅读内容及娱乐方式较为单一,以资讯阅读和视频观看为主。

老年用户虽以线下娱乐为主,但线上娱乐也逐渐成为老年用户重要的娱乐渠道。休闲保健是老年用户线下娱乐的最主要方式,其次是棋牌活动。最受老年用户喜爱的产品涵盖了有声阅读、新闻资讯、医疗健康、短视频、广场舞教学、社交等多个领域。老年用户获取信息咨询的途径、休闲娱乐方式逐渐多样化,老年用户对健康咨询、健康管理服务等表现出强劲的需求。

(三)Z 世代经济

Z 世代指在 1995—2009 年出生的人,又称网络世代、互联网世代,是受到互联网、即时通信、智能手机和平板电脑等科技产物影响很大的一代人。

Z 世代的生活网络化程度较高,尤其体现在购物、生活和出行领域。动漫亚文化在 Z 世代中掀起一股热潮,移动互联网是 Z 世代学习语言的好帮手。Z 世代热衷于海淘,喜欢观看演出,喜欢外出旅行。

Z 世代用户最喜爱的产品集中在弹幕视频、网络直播、游戏、求职招聘、社交、音乐等领域。这些产品在"95 后"用户间的流行,体现了 Z 世代用户对于二次元、直播等亚文化的热爱。随着 Z 世代逐步迈入职场,他们对求职应聘的需求比较高。而在娱乐社交方面,Z 世代有着更多元化的需求。

(四)新中产经济

新中产用户平均每年至少进行一次旅游,其中大多数的新中产用户偏爱自助游。中长距离的省内外旅游是新中产最主要的旅游地点。较高的收入水平支撑了新中产旅游的高频率、高品质,新中产对旅游需求的提高也推动了国内旅游经济的发展。

最受新中产喜爱的产品涵盖了家居家装、租房、汽车、金融理财、健身、旅行、新闻资讯、有声阅读等多个领域。新中产用户对居住、出行、理财、健身、获取资讯具有更多样化的需求。

(五)小镇青年经济

小镇青年对互联网的依赖主要体现在娱乐、出行、生活等方面。网络直播是小镇青年主流的娱乐方式。小镇青年比较注重个人在互联网上的形象,美化加工是拍照后的重要环节之一。他们关注本地生活,也经常阅读电子书。随着生活水平的逐渐提高,小镇青年户外活动也日益丰富。

短视频、直播、游戏、音乐、资讯、折扣让利购物是最受小镇青年用户喜爱的产品类型。这体现了小镇青年对于社交娱乐、休闲消遣的需要,也反映了小镇青年对价格较为敏感,在购物上追求经济实惠的特点。

四、移动营销的推广形式

常见的移动营销推广形式如图4-13所示。

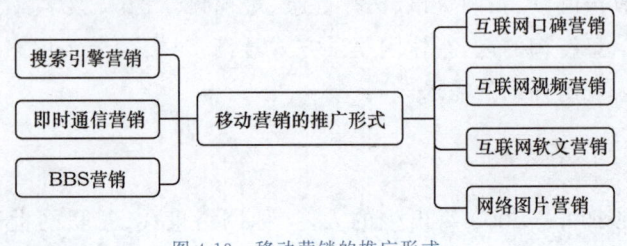

图4-13 移动营销的推广形式

(一)搜索引擎营销

搜索引擎营销是目前主流的一种营销手段,因其大多数是自然排名,不需要太多花费,所以受到中小企业的重视。

搜索引擎营销主要包括:搜索引擎优化(SEO)、竞价排名、分类目录、联盟广告、图片营销、网站链接策略、第三方平台推广营销等。

企业可以把搜索引擎和自己所建立的网络门户(如博客、微博等)相互关联,以增加访问量、知名度和关注度。

(二)即时通信营销

即时通信营销是互联网营销中最普遍的营销方式之一,常见的即时通信工具有QQ、微信等,企业用户通过即时通信工具与用户及时互动。此外,还可以发布一些企业信息和产品信息,让更多消费者认识和了解企业和产品。

(三)BBS营销

BBS营销又称为论坛营销,大型的社交论坛、地方论坛、专业论坛或游戏论坛,几乎每天都有成百上千人在线,拥有强大的用户群体,这种人流量较大的论坛,非常适合做移动营销的平台。

商家可以利用BBS这种网络交流平台,通过专业人士的策划,再通过富有创意的文字、图片、视频等方式进行有策略地落地执行,推广企业品牌、产品和服务。

(四)互联网口碑营销

互联网口碑营销是把传统的口碑营销和计算机技术有机结合的一种新型的营销方式,应用互联网互动和便利的特点,通过客户编辑的文字、图片、视频等口碑信息,实现与目标客户之间的沟通,对企业品牌、产品、服务等进行讨论,加深目标客户的印象和口碑的影响力。

(五)互联网视频营销

互联网视频营销是指公司或营销人员将各种视频短片放在互联网上,宣传企业或个人的品牌、产品、服务信息的一种营销手段。互联网视频类似于电视视频短片,它既具有电视短片的种种特征,如感染力强、形式内容多样、创新性强、生动活泼等,又具有互联网营销的优势,如互动性、主动传播性、传播速度快、成本低廉等。可以说互联网视频营销是电视广告和互联网营销的结合。

(六)互联网软文营销

互联网软文营销是相对于硬性广告营销而言的,属于互联网新闻营销的一种。硬性广告营销是直接宣传人物、产品或服务的新闻性通告,而互联网软文营销是一种柔性的自然流露产品信息、服务信息的植入式营销,更能增加与客户的黏度和信任度。

(七)网络图片营销

网络图片营销就是企业把设计好的有创意的图片,在各大论坛、空间、博客、即时聊天工具上进行传播或通过搜索引擎的自动抓取进行传播,最终达到传播企业品牌、产品、服务等信息的目的。

五、增强客户互动

传统的营销推广由经营方发起,通过文字、图片、视频等手段尽可能展示给客户,客户被动接受推广内容;而互联网营销除了要使内容贴近客户外,还要与客户进行互动。通过客户的参与、互动,这种沉浸式、带入式的营销,更容易让客户接受企业的产品。

互动性是移动营销推广方式最大的优势之一。这里的互动,指的是活动创办方和其他用户们的互动。在开始一场营销活动之前,首先要由活动创办方针对活动主题来对客户进行引导,让客户参与进来,这就是最为常见的互动。

（一）开展具有创新性和针对性的活动

通过让客户关注活动的开展，吸引客户的眼球，这才能算得上是成功的营销。否则，没人关注，不断被冷落，最终就只能不了了之。想要获得关注，就一定要注意活动的创新性和针对性。对于普通的消费者来说，有趣的、对自己有用的事物往往能够吸引他们的眼球，因此商家应该在活动上多花费心思，让创意和趣味留住大众的目光，同时根据产品的目标消费人群的某些特点，来制订具有针对性的营销方案。

（二）关注舆论反馈

一般来说，企业和产品都需要一个良好的口碑来引导用户们的互动行为和消费行为。用户的反馈能够直接或者间接地对活动创办方产生影响。舆论为活动带来的好口碑是非常高效且有用的，在增强客户互动中，也是非常具有保障和效率的助力。

六、数据分析与优化

（一）受众特征

近年来，受智能终端和移动网络用户规模快速增长的影响，移动互联网市场规模呈现高速增长的趋势，移动互联网受众也呈现出许多自有的新特征。移动营销的社会呈现、生活方式等区别于传统PC。

1.受众自主性

与传统的广告相比，移动互联网明显的特点就是受众的主动参与。由于手机和平板设备强大的视频性能，视频应用逐渐成为移动互联网媒体的核心，具有巨大的创意生产潜力。

2.受众精准化

随着社会经济的发展，人们的物质和精神消费选择不断增加，生活方式和意识形态更加多样化，社会群体的划分越来越细化，因此受众进一步细分也成为必然。移动终端对于网络用户的行为追踪更加方便，通过行为追踪来分析网络用户的消费行为，建立网络用户的数据库，精准投放也得到了进一步优化。

（二）移动互联网流量思维

1.免费思维

通过前端绑定后端的产品或服务，来获取客户。前端的产品或服务是免费的，后端的产品或服务是付费的，从而达成最终的转化，以实现利益最大化。

2. 跨界思维

通过自身的产品或业务,整合其他行业相关联的产品和服务,打造生态圈利益链。以自身产品为核心和主导,辐射其他行业,自我主导分配的利益。

3. 平台思维

通过爆品来引流,将引来的量级客户打造成超级平台,实现流量变现。比如以免费模式+尖刀产品+利润产品(流量输出收费)的形式来实现盈利。

【小案例】

一家儿童鞋的生产厂家,一直都是按照传统模式进行分销,但随着市场竞争的加剧和模式的复制,这个厂的业绩不断下滑,甚至濒临倒闭。

后来工厂引入了新的营销模式,改变了这种状况。厂家的技术人员在儿童鞋底植入了一种定位芯片,然后配合对应的APP来进行监控和定位,这样买了儿童鞋的家长就可以随时随地确定自己小孩的位置,确定有没有异常情况。APP除了有定位系统,还有资讯频道、导购、投放广告等模块。

对于这款APP,他们首先申请了国家专利,儿童鞋的定价是成本价,这样和同行比起来具有很大的价格优势,同时免费赠送定位服务。通过这一系列的调整,儿童鞋的销售异常的火爆,注册APP的会员也越来越多。一年之后,厂家的APP会员突破了100万,这时候他们就开始打通商城、广告、资讯等模块,然后引入商家、广告主、资讯内容生产者,这样从中可以赚取相应的入驻费、广告费、服务费等,从而达到了最终的盈利目标,并成功转型成为一家创新的移动互联网儿童鞋制售一体化平台。

4. 金融思维

金融思维的核心思路是:把未来的钱变为现在所用。金融思维是逆向思维,从未来看现在,根据结果设计前期整合资源的方案,提前收款、提前融资。

【小案例】

大枣哥在新疆获得了一块政府扶持的农场,大枣哥计划着种大枣。有了地,但钱不够,他想到了合伙人模式,找合伙人融资。

成为合伙人的条件是需要交1 000元,合伙人的福利有:3年内免费获得1 000斤大枣,免费参观新疆枣园,同时还将交的1 000元返还,并签署合作协议。这个营销模式一推出,加上网络宣传和推广,在不到半年的时间里,大枣哥就找到了1 000个合伙人,不久就凑齐了100万元。加上政府给的补贴,同时加强对大枣的专业化种植和管理,在第三年的时候就实现了收益倍增(种植大枣的周期一般是2~3年)。

大枣哥通过这样一种模式,吸引了大量的启动资金,从而解决了前期成本投入的问题。这就是典型的金融思维,通过筹集未来的资金为现在所用,在宣传和推广阶段,合伙人也起到了承上启下的作用,既是推动者又是消费者,让红枣成功销售出去!

(三)转化率提升分析

1.转化率和转化量

(1)转化率

转化率就是实际执行的行为数量占总体访问量的比率。

$$转化率=实际执行的行为数量/总访问量$$

(2)转化量

转化量就是实际执行的行为数量,比如:点击、关注、咨询、支付、订单、收藏等环节的行为数量。

2.营销转化模型设计

(1)漏斗型转化模型

如图 4-14 所示,某站点用户访问来源就是典型的漏斗型转化。

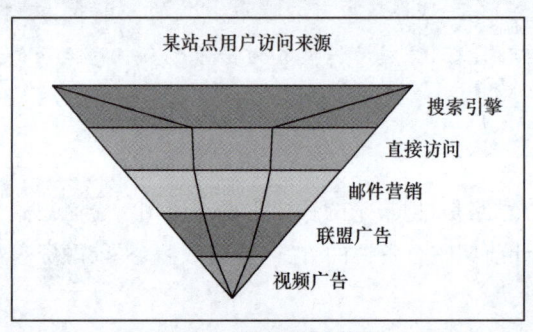

图 4-14 漏斗型转化模型

企业要做的很重要的一点就是列出影响因子,找出影响每个流程的细节因子,使流量精准落地。

(2)痛点路径模型

漏斗型转化模型是以流程为分析基础的,而痛点路径模型则是以单个页面为分析基础的,主要是记录用户关注痛点过程中的视觉路径。

(3)渠道转化模型

转化过程中除了数量之外,还有一个重要的要求,那就是精准,高精准就意味着高转化。渠道转化模型如图 4-15 所示。构建渠道转化模型的意义在于对比各个渠道的用户转化效率。构建渠道转化模型的目的在于对比各个渠道的投入产出效率,帮企业做出最优的渠道选择,让投入产出更有效率。

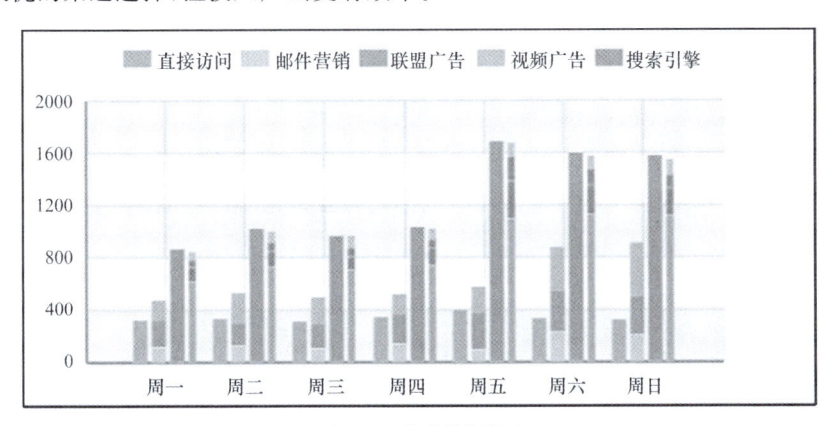

图 4-15　渠道转化模型

项目总结

本项目着重分析移动营销的含义、渠道和推广方法以及实践,本项目的思维导图如下:

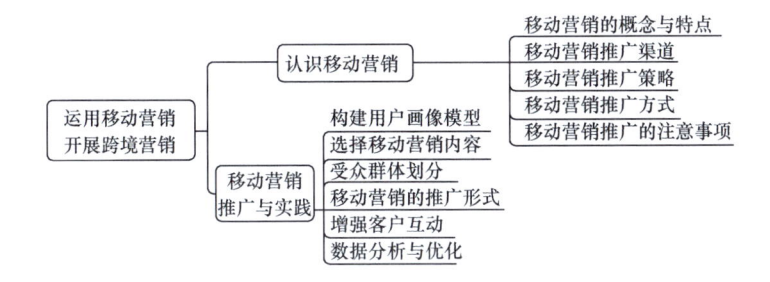

同步训练

一、选择题(不定项选择)

1.移动营销的特点包括(　　)。
A.移动端渠道成为数字营销新焦点　　B.海量数据应用使移动营销更精准
C.APP 营销成为移动营销主要形式　　D.全功能打通铺设场景营销

2.移动互联网营销的渠道有(　　)。
A.PC 渠道　　B.社群类自媒体平台

C.资讯类自媒体平台　　　　　　　D.信息流广告平台

3.营销出现的大变革有（　　）。

A.产品即营销　　　　　　　　　　B.营销即服务

C.广告即销售　　　　　　　　　　D.服务即互动

4.以下哪一种是目前最主流的受到中小企业重视的一种营销手段,且大多数是自然排名,不需要太多花费。（　　）

A.搜索引擎营销　　　　　　　　　B.即时通信营销

C.互联网口碑营销　　　　　　　　D.互联网视频营销

二、简答题

1.移动营销是什么？移动营销的特点是什么？

2.移动营销的推广形式有哪些？

三、实训任务

某输入法研究公司通过"AI＋公益"创新方言保护形式,将文化和科技紧密连接,成功打造了系列营销事件,进而引起大众对方言保护的关注和热议。请你对这个公司的做法进行移动营销分析。

项目五

社交媒体营销

学习目标

知识目标
- 了解社交媒体营销的概念和特点。
- 熟悉社交媒体平台和社交媒体营销工具。
- 掌握社交媒体营销的推广方法。

技能目标
- 能够熟练应用社交媒体营销工具。
- 能够熟练掌握社交媒体营销推广技巧。

素质目标
- 培养合规意识,注重平台规则。
- 培养社交能力。

任务一　认识社交媒体营销

项目导入

某冰糖橙种植商户与一家生活网站合作,一方面邀请"80后"名人在传统媒体"致敬'80后'",另一方面推出个性化定制版冰糖橙"幽默问候箱",赠送给社交媒体"大V"以及各领域达人。平面媒体和新媒体形成交叉传播,最终创造出销售佳绩。

【思考】社交媒体营销对企业发展起到了重要作用,那么,什么是社交媒体营销?社交媒体营销有哪些特点?

一、社交媒体营销的概念与特点

(一)社交媒体营销的概念

社交媒体(Social Media),也称为社会化媒体,指允许人们撰写、分享、讨论、评价的网络平台。社交媒体的类型主要有:论坛社区、社交网站、微信、微博、博客、位置签到、问答等。

社交媒体营销就是借助这些社交媒体,使企业可以倾听用户的声音、宣传产品和品牌,渗透式影响客户。

(二)社交媒体营销的特点

与其他电商平台相比,社交媒体营销建立在以信任为基础的传播机制以及用户的高度、主动参与之上,更能影响网络用户的消费决策,并且为产品品牌提供海量的传播机会。社交媒体的客户黏性和稳定性高,定位明确,可以为品牌提供更细分的目标群体。社交媒体营销市场仍在不断扩大,不再仅仅为网络好友分享的场所,而且成为一种全新的商业模式。社交媒体营销具体有以下优势:

1. 丰富企业营销方案

社交媒体营销是一个不断创新和发展的营销模式,越来越多的企业尝试在社交媒体网站上开拓新的领域,无论是开展各式各样的线上活动植入产品,还是市场调研、病毒式营销等,所有这些都可以在这里得以实现。社交媒体可以充分展示人与人之间的互动,从而丰富企业的营销方案。

2.降低企业营销成本

社交媒体营销可以实现"多对多"信息传播,有更强的互动性,容易触发多人关注。随着网络用户网络行为的成熟,网络用户更有意愿主动获取信息并分享有价值、有趣的信息内容,社区用户表现出高度参与、分享、互动的热情。社交媒体营销传播主要的媒介就是用户,"口口相传"成为这个群体的主要方式。与传统的广告形式相比,社交媒体营销无须投入大量的广告,只需要利用用户的参与性、互动性、分享性特点,就能加深品牌或产品的认知度和广泛度,形成非常理想的传播效果。

3.实现目标客户的精准营销

社交媒体营销的用户通常都是认识的朋友或与其关联的人士,注册的数据信息一般都比较真实。企业在开展社交媒体营销的时候,对受众目标的数据维度把握相对比较精准,从目标客户区域、需求和消费习惯等方面,可以有选择性地进行甄别、梳理,有针对性地进行宣传和互动。这样能更有效地实现精准投放,从而节省大量的营销成本。

4.符合网络用户行为模式

社交媒体营销的快速发展,符合了网络用户的真实需求,也体现了网络用户参与、互动、分享的特点。在网络快速发展的今天,新媒体模式层出不穷,但真正能让网络用户共同参与、互动,并让人与人之间紧密相连的营销方式少之又少。只有符合网络用户需求的企业营销模式才能在网络营销中发挥最大的作用。

二、社交媒体营销平台与工具

(一)中国社交媒体平台概述

1.四大核心社交媒体平台

(1)微信

微信于 2011 年由腾讯公司推出,日均活跃用户超过 9 亿,是时下拥有最多用户数量的社交媒体平台之一,其核心功能是基于熟人关系的三项社交应用,包括即时通信、朋友圈和公众号自媒体。但随着移动通信和互联网的发展,微信已发展为一个集社交、购物、游戏、阅读、娱乐、运动理财等方面为一体的互动平台。

(2)微博

微博于 2009 年由新浪网推出,日均活跃用户超过 1.65 亿,是中国最大的公共信息传播平台之一,其核心功能是基于弱关系的兴趣社交。用户根据自身喜好,对平台上的链接、视频、音乐、博文产生关注、点赞、评论和分享等社交行为。微博覆盖了超过 55 个垂直领域,得益于名人、明星、网红及媒体内容生态,成为电视剧、综艺、动漫等泛娱乐领域用户活跃的主要地带之一。

(3)腾讯QQ

腾讯QQ于1999年由腾讯公司推出,日均活跃用户超过1.7亿。其传统功能是文字、语音、视频聊天和QQ空间的状态发布,现已拓展为一个集在线游戏、文件共享、网络硬盘、邮箱、论坛等服务于一体的多平台即时通信软件。

(4)豆瓣

豆瓣于2005年由杨勃(网名"阿北")创立,日均活跃用户超过2 600万,该平台以读书、电影、音乐为出发点,自动给出同类趣味和友邻推荐,并集同城、小组、友邻等文艺网络服务为一体的创新社交平台。豆瓣是当下国内较权威的书影音评分网站,拥有超过2亿的书影音爱好者用户。

2.六大衍生社交媒体平台

(1)知乎

知乎于2011年由北京智者天下科技有限公司推出,日均活跃用户超过3 000万,是一个集合知识问答、KOL优质答案分享(知乎Live/知乎日报)、高品质读书会(听书、看书、讨论书)的综合知识交流社区。

(2)抖音

抖音于2016年由今日头条孵化上线,日均活跃用户超过2亿,是短视频类APP。其核心功能是以设置话题挑战、丰富音乐场景、设置影音模板等方式鼓励用户表达自我。

(3)王者荣耀

王者荣耀于2015年底由天美工作室推出,日均活跃用户超过8 000万,是一款需要团队配合的多人在线战术竞技游戏。在每场游戏的间隙,王者荣耀为团队战友创造了可以相互交流游戏规则、角色、攻略等话题的社交平台,同时也搭建了一个新生代年轻玩家(未来消费主力)的天然聚集地。

(4)小红书

小红书于2013年由瞿芳和毛文超创立,日均活跃用户超过700万,是一个以美妆、护肤和保健等日用精品为切入点的"社区+电商"跨境购物平台,致力于帮用户发现全世界的好东西。结合意见领袖(网红、明星)的影响力,小红书是中国电商精品导购平台的领航者之一。

(5)哔哩哔哩

哔哩哔哩(简称为"B站")于2009年创立,日均活跃用户超过1 512万,是一个包含动画、漫画、游戏、音乐、舞蹈、科技等几乎所有视频类型的视频分享社区。B站的特色是视频弹幕功能,为在线用户构建出一个虚拟的部落式互动观影平台和二次创造的文化社区,是国内众多网络热词的发源地之一。

(5)陌陌

陌陌于2008年由北京陌陌科技有限公司创立,日均活跃用户超过2 700万,是一款基于地理位置，专注于通过向周边用户发送文字、图片和音频信息建立新关系的社交软件。

（二）国际主流社交媒体营销平台概述

1.Facebook（脸书）

无论用户总数还是受欢迎程度，Facebook 都是互联网上境外最大的社交媒体之一。Facebook 成立于 2004 年 2 月 4 日，当前每月活跃用户超过 15.9 亿，这使得它成为连接企业与世界各地用户的最佳媒介之一。据统计，现有 100 多万家中小企业利用该平台宣传自己的业务。

2.Twitter（推特）

Twitter 成立于 2006 年 3 月 21 日，总部位于加利福尼亚州旧金山。Twitter 每月有超过 3.2 亿活跃用户，用户使用 140 个字符以内的语句来传递信息。企业可以使用 Twitter 与潜在客户进行互动，回答问题，发布最新消息，同时针对特定受众投放目标广告。

3.LinkedIn（领英）

LinkedIn 成立于 2002 年 12 月 14 日，于 2003 年 5 月 5 日正式推出，是境外最受欢迎的专业社交媒体网站之一。该网站目前有 24 种语言版本，注册用户超过 4 亿。对于那些希望与类似行业的人建立联系，与当地专业人士建立联系以及展示与商业相关的信息和统计数据的人来说是很棒的平台。

4.Google＋（谷歌＋）

虽然没有 Twitter、Facebook 或 LinkedIn 热门，但 Google＋仍然在热门社交媒体网站中占有一席之地。它的 SEO 搜索引擎价值使其成为任何小型企业不可或缺的工具。Google＋于 2011 年 12 月 15 日上线，目前已经注册了 4.18 亿用户。

5.YouTube

YouTube 是境外最大、最受欢迎的视频社交媒体网站之一，于 2005 年 2 月 14 日创建。该公司于 2006 年 11 月被谷歌以 16.5 亿美元收购。YouTube 的网站流量每月超过 10 亿，是仅次于谷歌的第二大境外热门搜索引擎。

6.Pinterest

Pinterest 成立于 2010 年 3 月，是社交媒体领域的一个相对较新的成员。该平台由数字公告板组成，在这里商家可以锁定他们的目标受众，直接推送内容。Pinterest 于 2015 年 9 月宣布已获得 1 亿用户。以境外女性消费者为主要受众的小企业可以考虑投资 Pinterest，因为超过一半的 Pinterest 访客是女性。

7.Instagram

同 Pinterest 类似，Instagram 也是一个视觉类社交媒体平台。该网站于 2010 年 10 月 6 日上线，拥有 4 亿多活跃用户。许多用户用它发布关于旅游、时尚、食物、艺术等相似主题的信息。该平台还以其独特的过滤器以及视频和照片编辑功能而著称。

8. WhatsApp

WhatsApp 是一款适用于智能手机、PC 和平板电脑的跨平台即时通信客户端，依靠互联网支持其用户向安装了该应用程序的其他用户发送即时信息、图像、文本、文档、音频和视频信息。其使用功能类似于国内用户使用的微信，也可以组建群聊，目前是覆盖境外领域的最常用的通信工具之一。超过10亿人使用 WhatsApp 与朋友、亲人甚至顾客进行交流。

9. Tumblr

Tumblr 由大卫·卡普于2007年2月创建，目前拥有超过2亿的用户。此平台允许使用多种不同的帖子格式，包括引用帖子、聊天帖子、视频和照片帖子以及音频帖子。这样用户就不会局限于可以分享的内容类型，用户可以使用它重新改写博客。

10. Flickr

Flickr 是一个在线图像和视频托管平台，由当时位于温哥华的 Ludicorp 公司于2004年2月10日创建，后来在2005年被雅虎收购。这个平台很受喜欢分享和嵌入照片的用户的欢迎。Flickr 拥有超过1.12亿用户，足迹遍及63个国家和地区。Flickr 上每天平均有一百万张照片被分享。

（三）社交媒体营销工具

社交媒体在在线品牌推广方面发挥着至关重要的作用。企业可以通过有效利用社交媒体将数千名访问者引导至企业的网站。一项研究发现，美国70%的人口至少在一个社交媒体平台上活跃。同时还发现，71%在社交媒体上有积极体验的购物者可能会向其他人推荐该品牌。

社交媒体营销可以为企业的品牌传播带来显著的成绩。企业可以在社交媒体上创建和分享各种有价值的内容，以吸引新的受众并推动互动。手动管理所有社交媒体账户和营销活动可能是一项艰巨的任务，社交媒体营销工具能为使用者解决很多麻烦。

1. Hootsuite

Hootsuite 可以帮助企业在一个界面管理所有社交媒体账户。企业数字营销人员可以轻松地查找、安排和管理社交媒体内容。

主要特点：

(1) 企业可以通过 Hootsuite 一次管理数百个帖子来维护企业的社交媒体运营。

(2) Hootsuite 可以保护企业账户的所有密码、配置文件和登录信息。

(3) Hootsuite 可以帮助企业轻松整理所有内容。它可以将企业的内容保存在云中,并确保批准的内容在预定的日期和时间生效。

2.Buffer

Buffer可以帮助企业在社交网站上发布内容。它可以根据企业的发布时间自动发布企业的所有帖子。企业还可以使用Buffer浏览器扩展程序在浏览Web时添加内容。

主要特点:

(1)它帮助企业在Facebook、Twitter、LinkedIn和Pinterest等社交网站上发布帖子,从而节省大量时间。

(2)企业的数字营销人员可以在Buffer上查看自己的帖子,了解哪些更改可以帮助帖子更好地发挥作用。

(3)企业的数字营销人员最多可以从团队中添加25名成员在Buffer上一起工作。

3.Lithium

Lithium可以帮助品牌有效地与客户建立联系。除了帮助企业的数字营销人员在各种社交媒体平台上自动发布信息,它还可以帮助企业的数字营销人员监控有关品牌的对话。这非常有用,因为企业的数字营销人员可以加入这些对话并更有效地与潜在客户互动。

主要特点:

(1)它可以帮助企业的数字营销人员从一个地方管理广告系列、内容和响应。

(2)Lithium在线社区可以帮助企业的数字营销人员更好地与客户互动,并在他们需要时提供他们可能正在寻找的信息。

(3)Lithium还可以帮助品牌在社交媒体、网站、品牌社区和移动应用内进行互动。

4.Sprout Social

Sprout Social可让企业的数字营销人员找到、形成并加深与目标受众的真实联系。它是一个协作平台,可确保更快、更智能、更高效的社交通信。

主要特点:

(1)它可以帮助企业的数字营销人员轻松启动、加入和维护社交对话,从而构建品牌社区。

(2)企业的数字营销人员可以跨多个网络,管理多个社交媒体,制作多种类型的文件。

(3)Sprout Social提供30天的免费试用。

5.Socialbakers

Socialbakers使品牌能够通过人工智能(AI)在社交媒体上智能地工作,以了解受众的行为。此工具可帮助企业的数字营销人员通过个性化内容来吸引和扩大客户群。

主要特点：

(1)企业的数字营销人员可以了解受众的真实感受以及他们真正想要看到的内容。

(2)通过管理从一个地方发布的所有社交媒体来节省企业的数字营销人员的时间。

(3)企业的数字营销人员可以在几秒钟内获得有关社交媒体效果的报告。

当然，社交媒体营销工具还有 Tagboard、Agorapulse、Socia、omph、Post Planner、Tailwind、Sprinklr、Followerwonk、Sendible、Spredfast 等。社交媒体营销工具对于在社交平台上推广企业业务非常有用。这些工具可以帮助企业的数字营销人员更有效地创建内容，自动发布内容和吸引受众。企业可以使用上述社交媒体营销工具在社交媒体上宣传企业的品牌并衡量投资回报率。

三、社交媒体营销核心策略

(一)设定实用的社交媒体目标

如果企业想继续朝着正确的方向前进，那么了解自己在社交媒体方面的进展至关重要。首先企业要设定实用的社交媒体目标，因为与更广泛、长远的目标相比，这些是可以实现的。

通过设置已定义的、可实现的目标，企业可以在品牌和转化的主要领域创建可衡量的目标。企业的整体社交媒体营销策略应包括有助于改善品牌和从长远来看提高转化率的目标，具体要点如下：

(1)扩大粉丝群体或提升社区影响力。

(2)持续建立可见的品牌。

(3)与现有社区建立联系并互动。

(4)增加网站访问量。

(5)挖掘高质量的潜在客户。

(6)获得更多销售机会。

企业要确保从一开始就专注于正确的目标，否则，可能看不到想要看到的结果。

(二)定义目标对象

在社交媒体网站上与目标客户建立联系可能是一个挑战，尤其是在方向错误的情况下。必须记住,Facebook 与 Twitter 不同,Twitter 与 LinkedIn 不同。它们都有不同类型的受众。它们的不同之处不止一种。这就是为什么定义企业的受众并找出潜在客户经常使用哪个社交网络如此重要的原因。

当企业确定了客户所在的社交媒体网络以及在其中找到了他们时,便可以很容易地与他们联系,从而提高投资回报率。

1.识别潜在客户

企业的数字营销人员不能依靠自己的直觉或猜测去定位潜在客户,而是要科学、准确地找到潜在客户的首选社交网络,并为潜在客户创建详细的角色模型。这个虚构的角色要尽可能详细,细节越多越好。这样做的目的是帮助企业的数字营销人员找到合适的人脉来与社交媒体建立联系,定位好受众。

2.寻求当前客户的反馈

利用企业的现有客户来了解有关他们偏好的更多信息,可以使用这些信息来优化社交媒体营销。即使企业目前的业务中只有少数客户,也可以根据他们的诉求和反馈来了解在社交媒体营销活动中目标受众的需求。

企业可以通过调查客户来了解有关他们消费的内容类型,他们为什么使用企业的产品/服务,他们的习惯、他们关注的博客以及他们使用的社交网络等更多信息。应该考虑客户的各项反馈意见,这是为了获得尽可能多的产品/服务改善信息。解决好客户反馈的产品/服务问题,企业的整个社交媒体营销工作就会变得富有成果。

3.研究他们

如果企业是新的并且正在成长,该怎么办?如果企业没有任何现有客户可以调查和学习,该怎么办?如果企业的客户反应不如希望的那样怎么办?

在任何情况下,企业的数字营销人员都应该着眼于超越。换句话说,开始研究目标受众的在线行为以及产生某种心理的原因。尝试了解企业的潜在客户的消费方式和平台。最重要的是,他们如何在各种社交网络上进行社交。这些数据对于改善企业的社交媒体营销至关重要。

4.与他们联系

开展社交媒体营销活动只是其中的一部分。另一部分是要跟踪关键的数据指标,以查看它是否对提升企业的营销效果有效。

以下这些关键的数据指标可以帮助企业明确营销的有效性:

(1)参与度

这是每个社交媒体营销人员都应关注的一项指标。原因很简单:它可以让你深入了解目标受众对品牌的看法。比如,目标受众只是在提及某品牌,还是在谈论该品牌的多个话题?他们是否正在积极参与该话题?他们如何彼此共享内容?

通过研究参与度指标,营销人员可以了解社交媒体目标是否能够实现。因为有些企业希望通过分享来增加参与度,有的企业希望通过"点赞"或"评论"来增加参与度,有的企业则希望前两种目标同时达成。

无论哪种方式,营销人员最好都清楚企业想要什么。如果是想通过评论帖子来鼓励更多的人与品牌互动,应发布引起互动的内容。如果是希望人们向其他人分享品牌的内容,则应确保为其提供了真正的价值。

(2) 进行竞争对手分析

许多品牌倾向于立即为它们的社交媒体账户创建内容。尽管产生相关内容至关重要,但营销人员需要找出谁是第一竞争对手,以及它正在通过哪些社交媒体进行营销。

内容创建是社交媒体营销不可或缺的一部分,营销人员必须认真策划才能获得竞争优势。但是,重要的是,不要公然复制竞争对手的想法。寻求灵感是可以的,但不是直接剽窃。营销人员应通过分析竞争对手的营销内容,来了解如何使自己的社交媒体活动可行并更具弹性。

营销人员可以使用 Google 查找竞争对手,然后进行社交媒体搜索以查看它们在社交网络上的活跃度。跟踪它们的活动,看看是否可以运用自己的知识来改进自己的社交媒体营销策略。

(3) 创建和共享优质的社交媒体内容

高质量的内容是成功的社交媒体营销策略的基础。因为如果没有好的内容,其他步骤将无法帮助企业实现营销目标。但是,如果仅关注内容而忽略了其他步骤,则可能看不到满意的结果。

无论营销人员共享哪种内容,它都必须与业务目标和品牌形象相匹配。共享正确内容很重要,正确共享内容也很重要。换句话说,营销人员不要通过发布促销信息"轰炸"关注者,而是要在共享有价值的相关内容与旨在推广产品或服务的内容之间取得平衡。

营销人员还可以尝试与关注者共享视频内容,以使他们了解市场或产品/服务如何为他们提供帮助。这不仅将帮助他们获得价值,还将使他们更容易单击购买按钮。这就是为什么许多企业都在其社交媒体营销策略中添加了社交媒体平台的视频。

(4) 推广每个社交媒体网络固有的内容

大多数企业都知道社交媒体在商业中的重要性。营销人员也必须意识到以正确的方式通过社交媒体推广内容的重要性。在设计社交媒体营销策略时,请注意不要在每个网络上仅推广品牌内容。推广的内容需要为建立品牌形象做出贡献,并坚持使用该社交媒体平台的受众喜欢的形式来发布内容。

为了获得转化为客户的点击和销售线索,营销人员可以发布指向博客文章的链接,也可以创建和推广社交媒体平台所固有的内容。

任务二　社交媒体营销推广与实践

项目导入

可口可乐被 Slate's The Big Money 称为"把 Facebook 用得最好"的品牌。可口可乐通过多种渠道,如博客、照片/视频分享、Twitter、社会化媒体软件来推广他们的品牌并获取巨大成功。

【思考】可口可乐社交媒体营销推广的可借鉴之处有哪些?

一、设定推广目标

推广目标一般包括:提高网站流量,提高品牌知名度,提高权威性,提高客户增长率,提高订单转化率,提高销售量。

大多数公司通常会有这些目标的组合,根据这些目标来判定企业的营销策略和战略。

(一)提高网站流量

让更多的人进入某个网站或浏览某个博客通常是重要的社交媒体目标。B2B 公司会创建和发布博客内容,而 B2C 公司则更关注于将流量导向它们的产品页面。因此提高网站流量是一个重要的社交媒体目标。在一个网站上获得流量对于一个企业来说是非常重要的,原因有很多:

(1)网站访问者可以转换成电子邮件订阅者。
(2)网站访问者可以重新定位广告方向。
(3)网站访问者更熟悉企业的品牌,更有可能与企业在社交媒体上接触。
(4)网站访问者可以购买产品或消费内容。

(二)提高品牌知名度

提高品牌知名度是社交媒体营销目标清单上的另一个热门项目。企业需要花费几个月的时间来提高品牌知名度,尽管品牌知名度似乎难以衡量,但它仍然是大多数企业成功的关键因素。

(三)提高权威性

在社交媒体上提高品牌在所在领域的权威性和思想领导力是另一个难以衡量的但非常常见的目标,尤其是对于那些行业竞争激烈的公司。社交媒体是一个成熟的内容发布渠道,不仅通过创建和推广原创内容来吸引网站访问者,而且能够影响相关领域的权威性和思想领导力。

(四)提高客户增长率

客户增长率取决于很多不同的因素,比如账户的活跃度和参与度,触发平台的算法推荐机制等,具体表现在文章内容、付费信息、注册资料、获取点赞等方面。

(五)提高订单转化率

越多的人与品牌的内容在社交媒体以一种积极的方式相遇,就会有越多的人看到企业的帖子、越多的人购买企业的产品。因此,提高订单转化率是企业众多推广目标中不可缺少的一个。

(六)提高销售量

虽然大多数企业的社交媒体营销目标并不一定与销售目标挂钩,但如果不利用社交媒体来吸引目标客户,并以某种方式提高销售量,将失去重要的销售渠道。因此,企业可以通过社交媒体参加各种非销售驱动的活动和销售驱动的活动,来提高销售量。

二、选择社交媒体平台

有的企业在所有社交媒体平台都注册了账号,然后把重复的内容发布到不同的平台上,这并不是一个好的策略。试想,如果用户关注了企业的 Facebook,他为什么要再去企业的 Instagram 看同样的内容呢?但是,运营多个账号并发布不同的内容,对企业来说又是人力成本方面的考验。

选择社交媒体平台

那么,如何选择适合自己的社交媒体平台开展运营工作呢?

(一)从需求出发

营销人员应从企业自身业务状况和营销策略出发,思考优化哪个方面可以最大程度地给公司带来增长。社交媒体可以在以下方面起作用:

(1)提高品牌知名度。

(2)为客户提供更好的用户体验。

(3)创建与客户及时沟通的渠道。

(4)为网站引流。

(5)收集市场信息。

确定目的之后,再分析不同平台的特点并与之相匹配。每个平台的粉丝数量固然重要,但用户更倾向于关注那些有一定知名度的账号,同时还有追随者的数量,看参与度、点赞数、评论量、转发等。

(二)从目标客户出发

企业应思考以下问题:最大的目标客户群是谁?在哪个国家/地区?处于什么年龄阶段?是男性,还是女性?他们使用哪个平台最多?他们在这些平台上最爱看哪些内容?最受他们欢迎的社交媒体账号为他们提供了什么独特的价值?

(1)第一法则是:客户群在哪里,就去哪里营销。

(2)第二法则是:观察竞争对手都是如何在社交媒体上获得成功的。可以直接查看他们的账户主页,也可以用 Google 关键词＋社交媒体平台的方式。比如,在 Google 搜索"human hair wigs＋Facebook"或者"Human hair wigs＋Instagram"可以看到不同平台上与这个关键词相关的排名靠前的账号,如图5-1所示。

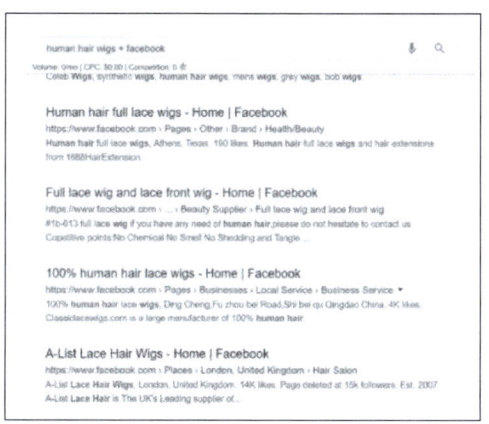

图5-1　Google 搜索内容

从而不仅可以看到在哪个平台运营更适合自己的行业,还可以了解这些成功的账号有哪些独到之处值得借鉴。

(三)从内容出发

企业要思考以下问题:自己的产品适合以什么形式营销?自己有没有能力支撑

这种形式？比如，在境外很流行的免费的网络研讨会或教程等。

各种研究数据都预测视频类内容会在接下来几年里爆炸性增长，成为互联网最大的流量入口之一。如果能够获得足够的用户原创视频，YouTube将是一个很好的渠道。如果视觉化营销对企业的产品很重要，比如时尚类产品，那么Instagram或Pinterest会是更好的选择。

（四）从平台特点出发

在弄清楚以上问题之后，再去考虑每个平台的核心数据和主要的优缺点。一般来说，注册用户和活跃用户两大指标排名前十五的社交平台都是适合企业耕耘的平台。

三、建立社交媒体营销关系链

每个人都是社会群体中的一个节点，每两节点之间的连线都是一个关系链。具备任意社区性质的网络服务都会以此作为一个重要基础或是直接以此形成相关的服务。如何维系关系链的大盘活跃与增长也是社交媒体营销的重要工作。

（一）关系强度等级

熟人关系网络的基础构成是强关系链。通过兴趣、爱好等形成的关系链称为弱关系链。关系强度等级可以划分为以下三种：

(1)强关系：基本上每天都能接触或是一个星期至少有2～3次的来往。

(2)弱关系：不是每天接触，但却是朋友、同学、同事、亲戚关系。

(3)微关系：通过共同的兴趣、爱好、经历形成的泛泛之交。

基于网络，信息是形成社交媒体营销关系链、连接两节点的唯一介质。对应以上三种关系强度等级，这些信息来自用户自身所发生的事情，与其他用户的共同兴趣、爱好、经历有关。

（二）关系链的建立

关系链的建立即两节点之间信息流动的开始。关系链的活跃程度由两节点之间信息流动的速度与频率所决定。不难发现社交服务主要是围绕一个节点或多个节点网络中信息的形成、传输、浏览、过滤、搜索来搭建与构造。

（三）关系链的初始化

关系链的初始化，是指双方信息在特质趋同的情况下（同一场景、时间、地点、经历、态度等)才能形成。以信息为载体搭建关系链并通过优化关系链而成长为业界典范的例子不少。下面从"信息"的角度分析微信的发展历程,将用户的增长视为关系链大盘的增长,将用户的使用频率/黏度视为关系链的活跃程度。

V1.0 发布:能发照片的免费短信(初始的信息体现形式),市场反响一般。

V2.0 发布:新增语音对讲功能,改进信息的展现形式,用户数出现大增。

V2.5 发布:新增"查看附近的人",迎来第一次用户爆发式增长。

V3.0 发布:新增"摇一摇"与"漂流瓶"功能,用户黏度与数量迎来又一次增长。

通过以上几次里程碑版本的发布,可以清晰地看到微信的路线图。第一阶段,V1.0 和 V2.0,围绕信息本身(信息的承载方式、传输速度、流量节省等)进行优化。第二阶段是 V2.5 和 V3.0,围绕如何在各个节点之间牵线搭桥,(节点之间的信息初始流动与流动频率)来进行优化。利用趋同性,"摇一摇"就是以同一时间、同一动作这两个共同点来进行关系的初始化,而"查看附近的人"则是基于同一地理位置信息,进一步寻找相同的需求来进行初始化。

(四)不同关系链的关系

在用户增长的过程中,弱关系链网络起到极大的作用。强关系链中每个节点所处的圈子重合度高,流动的信息重复度高,一些很久没有见面或接触的人,也就是距离较远的两个节点,反而能够提供更多新鲜且不重复的信息。

强关系链与弱关系链永远处于动态的平衡的状态,关系链中的节点会随时间发生变化(强弱关系链的相互转化)。微关系链的数量可以一直增加,因为付出的维护成本极低。强关系链的信息传播多是以口头、电话、IM 等信息同步交换的形式,相比弱关系链对网络的依赖性要低。因此,网络上关系链的活跃与大盘的增长,其突破点就在弱关系链上。

四、社交媒体营销资源配置

社交媒体营销资源配置,是指利用社交媒体平台、社区或者自媒体手段,进行信息内容生产,用营销的方式进行信息推广、交换,从而达到宣传、销售的目的。

在配置社交媒体营销资源时,首先要了解社交媒体的平台资源,然后根据自身内容生产情况或相关内容获取、优化情况,以单一或组合方式进行营销模式的设计。

国内新媒体营销平台资源图谱如图 5-2 所示,其中第一阵队分别为直播平台、视频平台、音频平台,这类平台更有利于 KOL 的打造;第二阵队为社交媒体,该阵队的用户互动性强,活跃度比其他阵队的用户更高;第三阵队为自媒体平台和论坛平台,该阵队的专业性更强,对内容的要求更高,用户群体也会更精准。

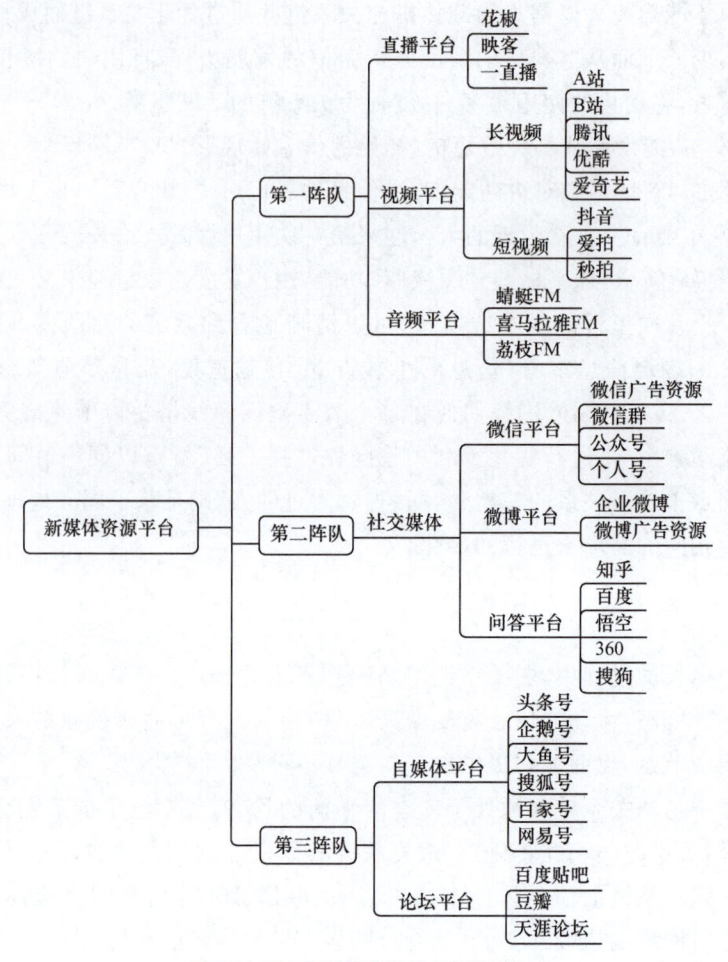

```
                                    ┌ 直播平台 ┬ 花椒
                                    │         ├ 映客
                                    │         └ 一直播
                                    │                   ┌ A站
                                    │                   ├ B站
                                    │         ┌ 长视频 ┼ 腾讯
                         ┌ 第一阵队 ┼ 视频平台┤         ├ 优酷
                         │          │         └ 爱奇艺
                         │          │         ┌ 抖音
                         │          └ 短视频 ┼ 爱拍
                         │                    └ 秒拍
                         │                    ┌ 蜻蜓FM
                         │          音频平台 ┼ 喜马拉雅FM
                         │                    └ 荔枝FM
                         │                    ┌ 微信广告资源
                         │          ┌ 微信平台┼ 微信群
                         │          │         ├ 公众号
                         │          │         └ 个人号
新媒体资源平台 ┼ 第二阵队 ─ 社交媒体┼ 微博平台┬ 企业微博
                         │          │         └ 微博广告资源
                         │          │         ┌ 知乎
                         │          │         ├ 百度
                         │          └ 问答平台┼ 悟空
                         │                    ├ 360
                         │                    └ 搜狗
                         │                    ┌ 头条号
                         │                    ├ 企鹅号
                         │          ┌ 自媒体平台┼ 大鱼号
                         │          │         ├ 搜狐号
                         │          │         ├ 百家号
                         └ 第三阵队 ┤         └ 网易号
                                    │         ┌ 百度贴吧
                                    └ 论坛平台┼ 豆瓣
                                              └ 天涯论坛
```

图 5-2 国内新媒体营销平台资源图谱

五、创作社交媒体推广内容

创作社交媒体推广内容时,一定要遵守相关的法律、法规,不能有侵犯他人的名誉、信仰、民族文化等行为;言论和画面不能涉及恐怖、暴力等内容;不能有侵犯他人的知识产权、肖像权等行为。比如,我国对公安民警进行社交媒体推广内容的创作出台了以下九条行为规范:

(1)不准制作、传播与党的理论、路线、方针、政策相违背的信息和言论;

(2)不准制作、传播诋毁党、国家和公安机关形象的各种负面信息;

(3)不准制作、传播低俗信息、不实信息和不当言论;

(4)不准讨论、传播公安机关涉密或者内部敏感事项;

(5)不准擅自发布涉及警务工作秘密的文字、图片、音视频;

(6)未经本单位主管领导批准,不准以民警身份开设微博、微信公众号,个人微博、微信头像不得使用公安标志与符号;

(7)不准利用网络社交工具的支付、红包、转账等功能变相进行权钱交易;

(8)不准利用网络社交媒体进行不正当交往,非工作需要不得加入有明显不良倾向的微信群、论坛等网络社交群体;

(9)不准利用网络社交媒体从事其他与法律法规、党纪条规和党的优良传统相违背的活动。

> **小链接**

乐分享内容创作法则

1. 长文章易于社交媒体分享

运用大数据技术对1亿篇社交媒体上发布的文章进行剖析,前10%(前1 000万篇)获得最多分享的文章,绝大多数是长文章。从平均值来看,长文章取得的转发分享量也高于短文章。图5-3的数据分析结果表明,3 000～10 000个单词的文章,在社交媒体上取得最多转发分享量(8 859次)。

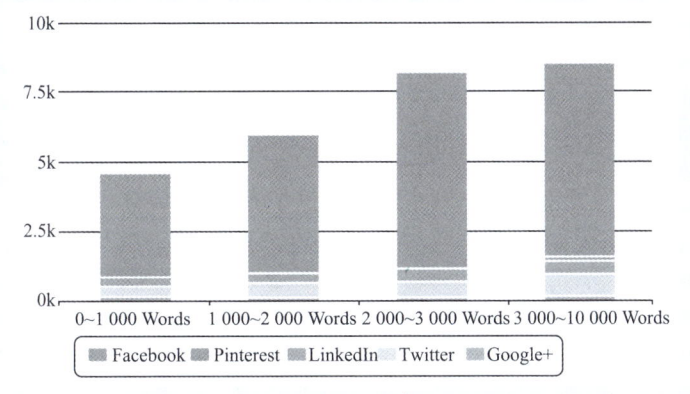

图5-3 不同内容长度的文章的转发分享量

2. 文章插入1～3张照片可增加转发分享率

在文章里至少插入一张照片,平均转发分享率为64.9%,高于无图文章的平均转发分享率(28%)。在Facebook网站上表现更加明显,添加标签、照片(缩略图等)带来的转发分享率分别是56%和17.7%。

3. 引发用户情绪的内容,更容易分享转发

如图5-4所示,引发用户情绪的范例顺序依次是:敬畏(Awe,25%)、大笑(Laughter,17%)、文娱消遣(Amusement,15%)、高兴(Joy,14%)、共鸣(Empathy,6%)、愤恨(Anger,6%)、惊讶(Surprised,2%)、伤心(Sadness,1%),

其他情感范例(Other)占14%。

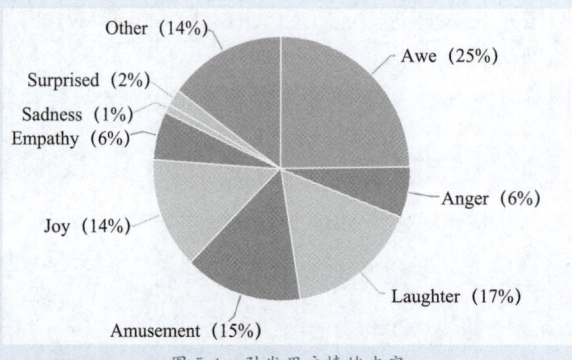

图5-4 引发用户情绪内容

4.清单和图表是用户分享的首选

比如未来赚钱的十大行业这类清单式文章,能给用户最简单、直接的干货,便于阅读。图表式文章也便于理解,大数据按内容类型列出的平均份额如图5-5所示。

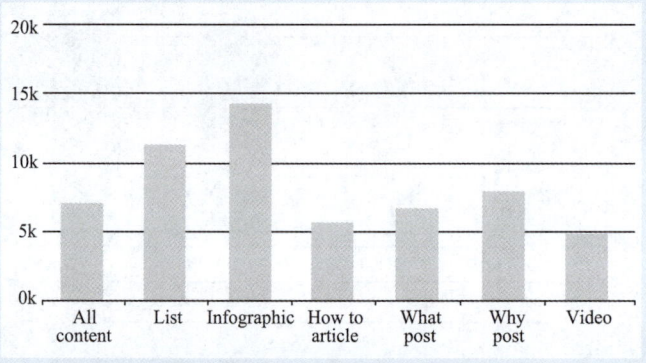

图5-5 按内容类型列出的平均份额

5.署名的文章更易于转发分享

社交媒体上的文章不署名,身份不公布,也会影响文章的转发分享。如图5-6所示,除了在Facebook上,作者署名对文章转发分享量影响不大外,在Twitter、LinkedIn、Google+上,用户更偏向于分享那些有作者署名的文章。

6.网络大V分享转发的文章会带来成倍的效应

假若有社群媒体大V转发企业文章,那么他们给企业带来的效果,绝对不是一般人能比得上的。

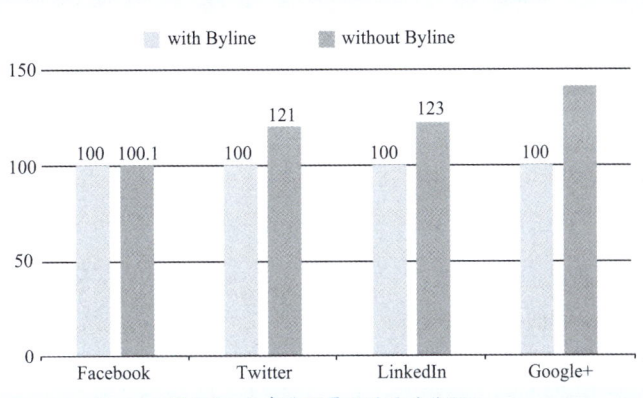

图 5-6　文章是否署名的平均份额

7.旧文章也可以重新发表

与文章在社交媒体发布 3 天内的转发分享率相比,转发分享率在接下来 4 天平均会降低 96%。第二、三周的转发分享量会比第一周的至少降低 86%。在不影响用户体验的条件下,结合新的热门事件,适时通过种种方法重新发表旧文章也是十分有用的。

8.每周二是转发分享的最佳日期

在不同社交媒体上,不同日期的转发分享量是有差别,如图 5-7 所示,星期二是一个好日子。假如企业有一篇重磅好文章要发表,不妨尝试在星期二发表。

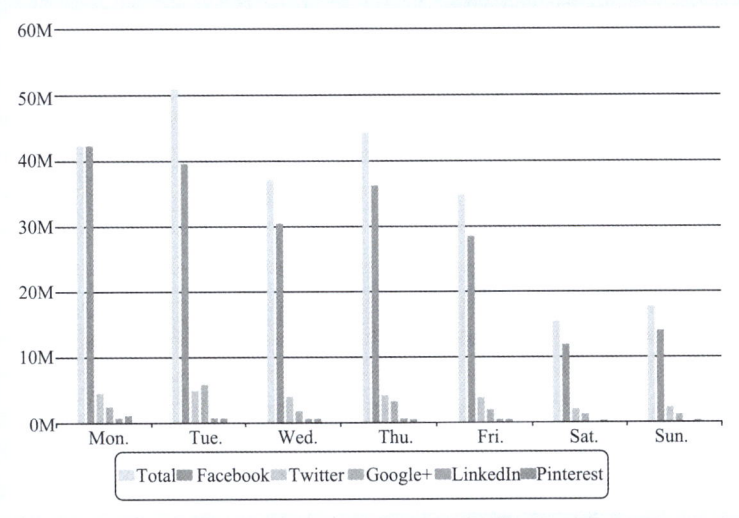

图 5-7　按工作日列出总额

六、选择分析工具和社交媒体监测工具

(一)社交媒体分析工具

企业可以使用社交媒体分析工具来跟踪其内容的交互情况以及识别社交趋势。该工具允许用户跟踪社交媒体渠道以及活动绩效,生成报告,计算社交媒体投资回报率(ROI),进行情感分析以及分析发布后的统计数据。

1.社交媒体分析工具的用途

(1)跟踪所有参数的效果

社交媒体分析工具能够跟踪所有的社交媒体账户、广告系列、广告效果以及其他重要指标的效果。用户不必对单个社交媒体账户进行分析,因为所有指标都可以在工具的相关界面看到,有效地监控各种指标的效果。大多数社交媒体分析工具都带有个性化设置的界面,可让营销人员根据业务需要进行自定义。

(2)了解关注者

该工具可帮助企业通过分析社交媒体数据来了解受众。可以看到受众群体通常何时在线,他们正在使用哪些趋势标签,以及他们的情感、语言和位置情况等。社交媒体分析工具还可以帮助企业确定哪些影响者更愿意分享企业发布的内容。

(3)了解竞争对手

该工具还可以提供竞争对手跟踪系统来衡量它们的表现。该工具可帮助跟踪各种参数,例如在不同平台上的关注者、参与度以及竞争对手的内容表现。这也有助于识别和跟踪竞争对手独特的社交媒体内容策略。

2.社交媒体分析工具的功能

(1)社交媒体监控:监控公司的社交媒体渠道,并跟踪在自己的账户上发生的互动。

(2)广告系列分析:跟踪和解释广告系列效果指标。

(3)报告/分析:生成包括电子表格、视觉效果、统计数据和其他有用数据的报告,以帮助营销人员做出明智的决策。

(4)多渠道数据收集:从多个平台收集信息以执行整体分析。

(5)参与度跟踪:跟踪参与度指标,可深入了解关注者与帖子互动的频率。

3.选择社交媒体分析工具的注意事项

(1)检查对工具类型的要求

在创建社交媒体分析策略时,不同的企业会有不同的要求。如果企业打算购买新的社交媒体分析工具,则需要确定最终目标是什么,然后从多种工具中做出选择。

市场上存在各种类型的工具,例如社交媒体客户服务、社交智能平台等。

(2)检查它可以跟踪多少个社交媒体平台

有的社交媒体分析工具是针对特定平台构建的。企业需要确定目标受众首选的平台,这也将有助于确定是需要特定于平台的工具还是需要覆盖多个平台的工具。

(3)与其他软件的集成

如果企业已经在使用某个系统来跟踪社交媒体,建议营销人员选择与现有软件集成的社交媒体分析工具。为了实现软件之间的同步,优先选择开放 API 访问的工具。

4.社交媒体分析工具的发展趋势

(1)使用自然语言处理(NLP)技术

社交媒体平台上有许多格式、语言和书写风格不同的非结构化文本数据。带有 NLP 技术的社交媒体分析工具常使用诸如机器翻译、集群和自动分类之类的方法,这些方法将能够快速且更准确地分析数据,为企业提供可行的见解。

(2)受众分析

传统的社交媒体分析工具仅可以在社交网络上跟踪关于品牌的内容。能够进行受众分析的社交媒体分析工具不仅可以跟踪关于品牌的内容,还可以分析目标受众在社交媒体上与其他品牌的实时互动。这样做可以使企业更好地了解潜在受众通常会消费、喜欢和分享的内容类型。有了这些数据,营销人员就可以为核心客户创建更多有吸引力的内容。

(二)社交媒体监测工具

自己的品牌在社交媒体上有怎样的影响力?竞争对手在社交媒体上做了什么活动?想要解决这些问题,就需要借助社交媒体监测工具了。

1.Zuum Social

Zuum Social 可提供 Facebook 页面报告。从报告中可以得到以下七个方面的信息:

(1)页面传播的驱动因素;

(2)页面最有影响力的粉丝;

(3)最佳发布时间;

(4)帖子中应该使用多少单词;

(5)哪种媒体类型表现最好;

(6)头号粉丝在哪里;

(7)新粉丝来自哪里。

2. Union Metrics

Union Metrics 提供的 Instagram 账户检查功能可以让营销人员看到企业在 Instagram 上的表现，了解企业 Instagram 账户的健康状况。这个工具可以回答关于企业 Instagram 账号的问题，比如：什么时候在 Instagram 发帖最好？要获得最大的互动度应该使用什么标签？哪些内容应该发布更多？

这个 Instagram 分析检查工具可以分析企业账户最近 30 天的活动，包括发布的帖子和粉丝的互动情况，提供改进方案等。

3. Twitter Analytics

这款工具可以监测企业的 Twitter 账户，衡量并提升企业在 Twitter 上的影响力，衡量互动度，分析如何让企业的推文更成功，探索粉丝的兴趣、地点和人口统计信息，跟踪企业的 Twitter Cards 是如何驱动点击、应用程序安装和转发的。

4. Talkwalker Alerts

Talkwalker Alerts 可以通过电子邮件将网上提及的企业品牌/关键字的最新内容发送到企业的收件箱。它还覆盖了 Reddit 等社区，让用户感受到受众所创造的轰动效应。营销人员只需输入想要搜集的主题，选择想要查看的结果类型和希望接收监测结果的频率（如发生时、每日和每周）即可。

5. HootSuite

这款工具可以管理企业所有的社交媒体渠道，同时将帖子发布到多个社交网络，包括 Facebook 和 Twitter；从 30 多个单独的报表模块创建自定义报表，以便与客户和同事共享；跟踪品牌人气、粉丝增长，并结合 Facebook 洞察和谷歌分析；在企业的受众最有可能在线的时候安排信息发送，找出受众对品牌有什么看法。

七、数据分析与优化

（一）网络舆论和营销力分析

网上信息数据海量化，这其中包括了各种各样的信息，如网络舆论、网络舆情、新闻媒体报道、网络用户观点等信息。

1. 网络舆论舆情数据统计方法

（1）浏览排查法

通过浏览网络舆情网、舆情信息网，如新华舆情网、人民舆情网、大河舆情网等，查看有无相关的网络舆情舆论数据。除此之外，还可以通过浏览社交媒体平台、互动社区、自媒体等平台的相关舆论话题页面，查看有无相关的舆论信息。

(2)精准搜索法

利用一些搜索工具进行网络舆论舆情大数据信息的搜索,如搜索引擎、舆情搜索软件、网站自带搜索功能等。

(3)舆情监测软件法

通过借助专业的舆情监测软件,实现全网舆情舆论信息搜集。

2.网络舆论舆情数据分析方法

(1)语义分析

语义分析是指分析网络舆论舆情信息的要素、句法语境,如分析舆论舆情的正负面、网络舆情倾向性、语义情感等。

(2)文本分析

文本分析是指从文本中抽取出特征词,进行量化来表示文本信息,如选取一些具有代表性的网络舆论舆情数据分析。

(3)舆情分析软件

舆情分析软件是指通过对网络各类信息汇集、分类、整合、筛选等技术处理,对互联网上相关舆论舆情进行实时监测和深度分析的软件工具。

3.舆论监督与分析软件

(1)设定监测目标,自动24小时监测

企业采用舆论监督与分析软件时,只需设定所需监测的目标,即可实现目标信息全网24小时实时监测和搜集。

(2)订阅监测主题,实时推送信息

利用软件进行全网舆论监督与分析,可将所需重点关注的主体订阅为目标监测主体,系统会自动实时监测与主题相关的最新消息,并将最新的舆论舆情信息进行推送。

(3)目标自动实时追踪,全面综合分析

这类软件一般都可以自动实时追踪网络舆论舆情数据的发展趋势并分析其变化,如分析舆情舆论的传播动态变化、舆论倾向变化、网络用户媒体情感分布情况等。

4.网络营销力

网络营销力,简而言之,是通过使用各种网络手段或工具来推广产品和服务,直接或间接地促进转型以达到营销目的的能力。

提高品牌美誉度,让品牌被网络用户熟知,增加品牌好感,使用户在后期有机会接触到品牌产品时能促成购买,是网络营销的终极目的,也是网络推广工作的目标。从网络推广角度来说,提高流量及转化并不是相互独立及割裂,两者需同步发展。提高网络流量的同时也提升了品牌美誉度,宣传品牌美誉度的同时也增加了推广流量。

(二)分析第三方数据

分析第三方数据是做好社交媒体运营的关键。只有通过对第三方不同维度数据的分析,结合企业自身的发展需求,才能设计出一套有效的推广方式。比如第三方分析的十余个社交媒体/平台各维度数据情况,如图 5-8 到 5-11 所示。

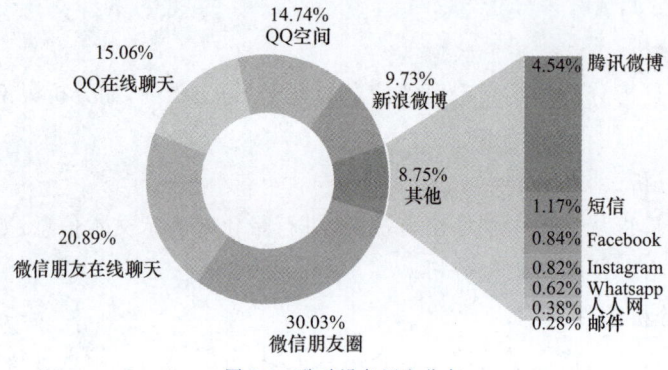

14.74% QQ空间
15.06% QQ在线聊天
9.73% 新浪微博
4.54% 腾讯微博
8.75% 其他
1.17% 短信
0.84% Facebook
0.82% Instagram
0.62% Whatsapp
0.38% 人人网
0.28% 邮件
20.89% 微信朋友在线聊天
30.03% 微信朋友圈

图 5-8 移动设备用户分布

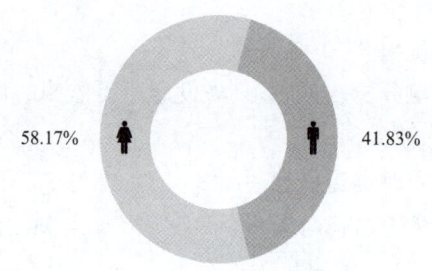

58.17%　41.83%

图 5-9 移动设备用户性别分布

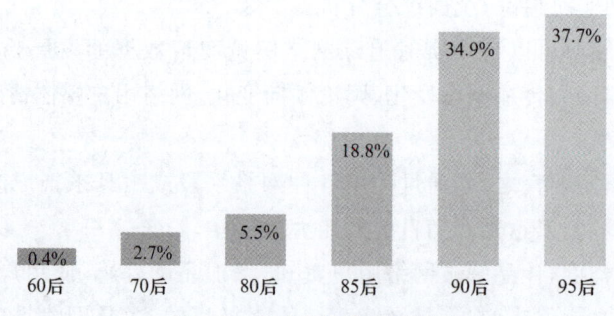

60后 0.4%　70后 2.7%　80后 5.5%　85后 18.8%　90后 34.9%　95后 37.7%

图 5-10 移动设备用户年龄分布

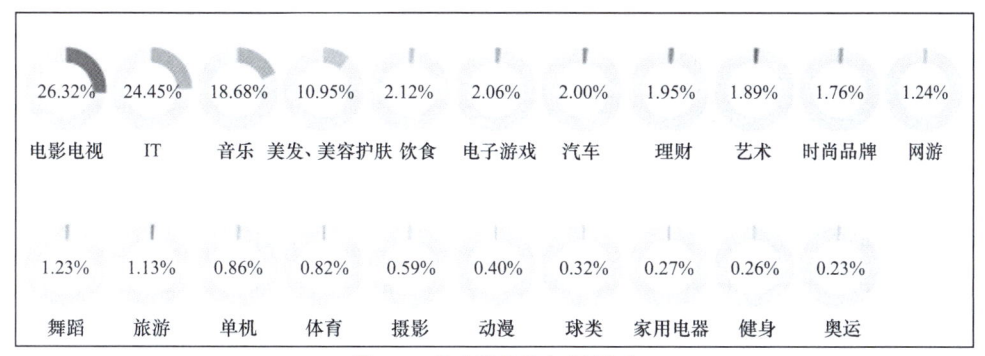

26.32%	24.45%	18.68%	10.95%	2.12%	2.06%	2.00%	1.95%	1.89%	1.76%	1.24%
电影电视	IT	音乐	美发、美容护肤	饮食	电子游戏	汽车	理财	艺术	时尚品牌	网游
1.23%	1.13%	0.86%	0.82%	0.59%	0.40%	0.32%	0.27%	0.26%	0.23%	
舞蹈	旅游	单机	体育	摄影	动漫	球类	家用电器	健身	奥运	

图 5-11 移动设备用户兴趣分布

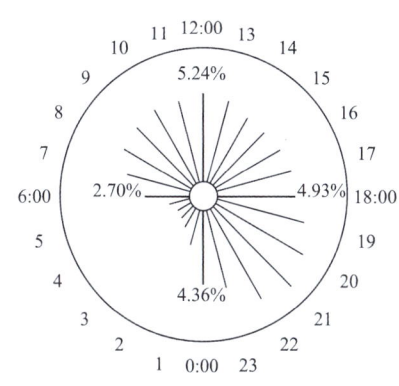

图 5-12 第三方移动分享活跃时段分布

根据第三方数据分析可以制订切实可行的行动方案,增加产品的曝光率,促进转化率,细节决定成功。

(三)曝光率和转化率分析

1.曝光率

曝光率是指在社交媒体被展示(推荐)和人群覆盖的比率。某网络媒体浏览量是每天 10 000 人,如果广告独占某一广告位,那么曝光率为 1∶1,曝光量为 10 000,曝光率就是 100%;如果该广告位轮流展示 3 个广告,那么该广告的曝光率就为 1/3,曝光量为 10 000/3,曝光率为 33.3%。

增加曝光率的做法有很多,可以利用社交媒体平台设计单个或组合的推广方案,如短视频展示、网站推广、新媒体矩阵、会员制等。想要在短期内提高曝光率要方法得当并持之以恒。比如某品牌的推广矩阵如下:

(1)微博:发声平台,曝光度强,肩负产品信息发布、粉丝互动,短期重点引爆,长期品牌运营工作;

(2)微信:粉丝运营,肩负粉丝互动、产品信息和活动发布,长期粉丝运营和引导购买渠道等工作；

（3）百度贴吧：适合外围单点聚焦，引发深度讨论；

（4）今日头条：适合领袖发声，权威解读，引导舆论；

（5）豆瓣：适合强化品牌形象，配合深耕阵地，形成口碑传播；

（6）知乎：适合某个领域的深入探讨，软性推动口碑传播；

（7）抖音：适合年轻态产品，曝光高，灵活性强，容易短期引爆热点；

（8）百度知道：针对性强，适合软性推广。

2.转化率

转化率是指在一个统计周期内，完成转化行为的次数占推广信息点击量的比率。计算公式为

$$转化率＝（转化次数/点击量）×100\%$$

提升销售转化率，是社会化媒体营销推广的终极目标。企业可通过以下方式提升社交媒体销售转化率：

（1）定期进行有效互动

长期保持在线交流的习惯，定期安排与粉丝互动的时间表，开展以信任为基础的交流，提高粉丝的忠诚度。

企业可以利用成熟的社交媒体工具定时发布信息，根据自己粉丝的活跃时间，选择最佳时间段，推送热点资讯给粉丝。

利用社交媒体提升销售转化率

（2）再次分享以往的内容

如果企业之前摘录了某篇文章的内容，并且在社交媒体发布后引起了广泛的讨论，过了一段时间后，这个问题可能还有更多值得深入讨论的点，那么就可以选择从另外一个角度继续讨论该话题，并邀请当时发言比较积极的人参与进来。

（3）优化每个社交元素

不同的社交媒体操作人员处理图像与文字的方式各不相同，有时受基础条件的限制，要从另外的角度另辟蹊径。比如：微博最多可以发140个字，营销人员可以选择长微博，或者用图片弥补文字的长度。很多企业已经开始重视视觉营销对社交媒体转化的影响，尝试在社交媒体上分享一些相关的短视频。

（4）确保每条信息都包含"着陆页"

当营销人员发布的每一条消息都是以转化为目的的时候，不要忘记附带目标网站的"着陆页"，企业的社交媒体账号与网站应该保持密切的关系。

（5）定期做数据分析

一个成熟的社交媒体营销人员，离不开数据分析。数据是反映企业实际运营的晴雨表，也是调整营销策略与促销政策的最直接的参考指标。因此，选择一款合适的社交媒体分析工具很重要。

项目五　社交媒体营销

项目总结

本项目着重分析社交媒体营销推广的方法以及实践,本项目的思维导图如下:

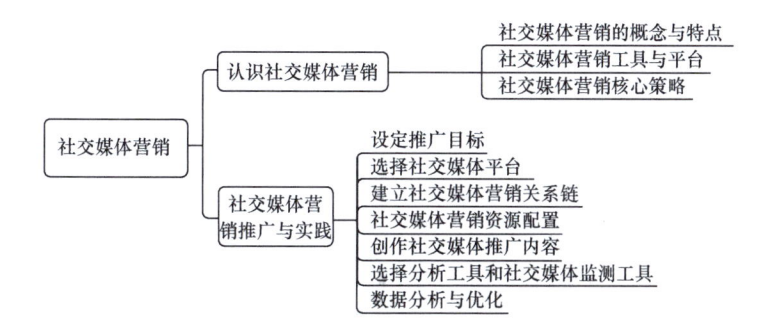

```
社交媒体营销 ─┬─ 认识社交媒体营销 ─┬─ 社交媒体营销的概念与特点
              │                    ├─ 社交媒体营销工具与平台
              │                    └─ 社交媒体营销核心策略
              │
              └─ 社交媒体营 ─┬─ 设定推广目标
                 销推广与实践  ├─ 选择社交媒体平台
                              ├─ 建立社交媒体营销关系链
                              ├─ 社交媒体营销资源配置
                              ├─ 创作社交媒体推广内容
                              ├─ 选择分析工具和社交媒体监测工具
                              └─ 数据分析与优化
```

同步训练

一、选择题(不定项选择)

1.社交媒体营销的特点包括(　　)。

A.丰富企业营销方案

B.降低企业营销成本

C.实现目标客户的精准营销

D.适合网络用户的行为模式

2.可以通过以下哪项指标,深入了解目标受众对品牌的看法。(　　)

A.参与度　　　　　　　　　　　　B.竞争对手分析

C.创建和共享优质内容　　　　　　D.推广网络固有的内容

3.对关系强度等级进行划分,不是每天接触的人,但基本上是曾经的朋友、同学、同事、亲戚,属于(　　)。

A.强关系　　　　　　　　　　　　B.弱关系

C.微关系　　　　　　　　　　　　D.无关系

4.网络推广的优势包括(　　)。

A.迅速地推广品牌　　　　　　　　B.节省各项费用

C.网络广告的发展　　　　　　　　D.营销出现的大变革

二、简答题

1.社交媒体营销是什么?社交媒体营销的特点是什么?

2.自媒体是什么?

三、实训任务

英国航空公司开设子公司 OpenSkies,通过社会化媒体和社区营销来进行推广,他们建立了企业博客来提升影响力,执行董事 Dale Moss 还向公众分享了一个博客,让他们知道 OpenSkies 的发展。之后,他谈到了机上餐饮服务,并向公众展示了该公司的豪华经济舱。请你就这家航空公司的社交媒体营销实践进行分析。

项目六

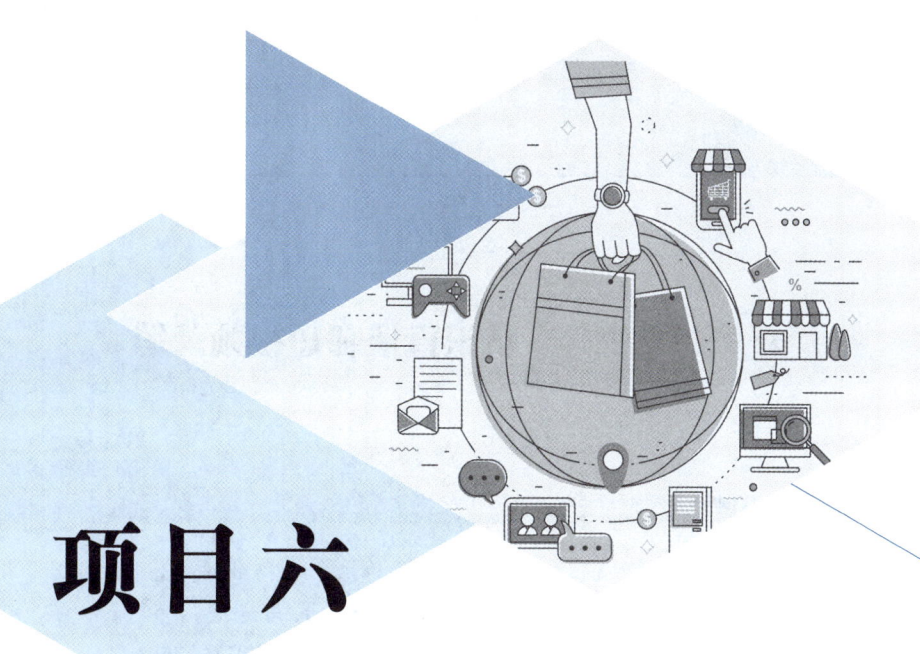

运用直播和短视频开展跨境营销

学习目标

知识目标
- 了解直播和短视频营销的概念和特点。
- 学习直播和短视频营销策略。
- 掌握直播和短视频营销推广方法。

技能目标
- 能够准确挑选直播和短视频平台并进行流量分析。
- 能够熟练掌握直播和短视频营销推广技巧。

素质目标
- 培养合规意识,注重直播和短视频平台规则。
- 培养社交能力和语言沟通能力。

任务一　认识直播和短视频营销

项目导入

随着互联网的发展,人们现在有越来越多的机会去接触网络,网络已成为当下重要的传播媒介之一。它改变的不仅是信息的传播方式与速度,更深深影响着人们的生活方式和媒介习惯。互联网的普及,使得媒体更趋于形式化,随之促成了例如短视频、直播等新兴行业的快速发展。在大众传播中,普通民众充当的角色由被动接受者转变为主动传播者。在社交媒体的驱动下,传播主体日趋多元,受众的传播欲望日趋强烈,人们获得了前所未有的话语权。

【思考】直播和短视频使数字营销出现了哪些方面的变化?

一、直播营销和短视频营销的概念和比较

(一)直播营销的概念

直播营销是指在现场随着事件的发生、发展进程同时制作和播出节目的营销方式,该营销活动以直播平台为载体,达到企业获得品牌提升或是销量增长的目的。

(二)短视频营销的概念

短视频营销是内容营销的一种,短视频营销主要借助短视频,通过选择目标受众人群,并向他们传播有价值的内容,来吸引用户了解企业的品牌、产品和服务,最终形成交易。做短视频营销,最重要的就是找到目标受众人群和创造有价值的内容。

(三)直播营销和短视频营销的比较

直播营销和短视频营销是当下新兴且火热的两种新型的数字营销推广模式,均受到众多商家的青睐和重视。直播营销和短视频营销各自的优势和劣势如下:

1.直播营销的优势

(1)互动强

直播带货的形式拥有更强的互动性和亲和力,用户在观看直播的时候,可以与商家进行交流互动,也可以进行价格商榷,有助于订单转化。

(2)价格低

直播营销一般都以比较低的价格将产品推广给用户,避开中间商,直接实现产品与用户对接。对于现在流行的网红带货来说,直播的本质是让用户在观看广告的同时,通过秒杀的形式来获得最大的优惠力度,从而吸引用户,提升用户的黏性和活跃度。

2.直播营销的劣势

(1)直播的门槛较低,人人都可以是主播,导致大部分的内容同质化现象严重。

(2)播放时间段具有局限性,要在固定的时间段观看。

(3)直播时间较长,易产生疲劳。

3.短视频营销的优势

(1)用时短

短视频营销的优势主要是用时比较短,大多数的视频的播放时间都会控制在十几秒之内,用户不需要花费大量的时间就能够将内容全部浏览完毕,符合新媒体快生活的节奏。

短视频营销的优势

(2)成本低

短视频营销的门槛与其他数字营销方式相比要低一些,每个人都能够打造属于自己的短视频,并且拍摄、制作的成本比较低,只需要通过专业的运营和优质的新媒体内容持续输出,就能够获得一定的收益和利润。短视频可以重复播放,具备更好的长尾效应,更有助于引流。

(3)传播快

短视频通过动态的画面和搭配的背景音乐能够快速地引起用户的兴趣和关注,输出优质的内容,引起用户的转发和分享,时间较短,地域受限小,适合碎片化时间和移动场景观看,能够实现快速的大范围传播。

(4)定位准

短视频营销一般是根据目标用户群体的需求进行垂直型内容的输出,平台会根据用户的喜好将推送的内容传递给目标用户,为用户提供更好的体验,实现品牌更大范围的传播。

4.短视频营销的劣势

(1)要想在短时间内抓住用户眼球,必须快速提炼出内容的要点,难度较大。

(2)短视频更注重内容和价值观的输出,不能即时互动。

二、直播营销和短视频营销的特点

(一)直播营销的特点

1.激发客户的好奇心

直播营销能够激发和满足用户对产品的好奇心,利用现场全方位展示产品和实时互动,实现和用户在时间、空间、信息等方面的同步,为用户带来更为真实详尽的体验。

2. 拉近用户距离

直播营销能全方位实时向用户进行最为直观的产品展示和交流等,让用户对品牌的理念和细节了解得更深入,拉近了与潜在购买者的距离,消除距离感。

3. 沉浸式体验

直播营销能解决用户契合问题,用特有的信息实时共享技术和直播服务流程,对产品生产过程、景观特色、实地硬件设施进行展示,让用户感受到具体的细节,打造出身临其境的场景化、沉浸式体验。

4. 展现企业特色

企业可利用直播营销创造新颖、美观、时尚的营销界面,有趣的互动方式,与别人不同的直播内容,使企业的宣传方式焕然一新,消除用户心目中的刻板印象,展示独特的企业特色。

(二)短视频营销的特点

1. 传播速度快

观察当前各种热门的短视频平台可以发现,短视频营销的快速传播将互联网的优势发挥得淋漓尽致。重要的是,短视频"短"的特点,在快节奏的生活下尤其受到用户青睐。

2. 低成本营销

短视频营销的成本相对较少,这也是短视频营销的优势之一。短视频的内容创作者,可以是企业也可以是个人,其内容制作成本、用户传播成本及粉丝维护成本相对较低。

3. 数据效果可视化

可以对视频的传播范围及效果进行数据分析,如关注人数、浏览量、转载量、评论数、互动量等,能直观地看到各项数据。同时可以通过数据收集、分析,了解行业风向,调整并及时优化短视频内容。

4. 可持续传播

短视频一旦受到了用户的关注和喜欢,系统就会持续不断地将视频推送给更多的人,有效地提高短视频的展现量。

5. 高互动性

网络营销具有高互动性的特点,因此短视频营销可以进行单向、双向甚至多向的互动交流。

6. 精准投放

根据账号的垂直领域目标用户的偏好制作相关视频,从而实现精准投放,其指向性非常明确。

三、直播营销和短视频营销的网红策略

为了缩短营销带货的时间周期,直播营销、短视频营销等推广渠道越来越受到跨境电商卖家的青睐。网红好货推介、开箱测评等方式也被亟待品牌曝光、急需订单增量的跨境电商卖家赋予了厚望。

近几年,在网络基建和网红经济的背景下,直播营销和短视频营销在全球范围内高速增长,平台也呈现井喷式增长。根据 SocialBook 的统计,2021 年,直播营销和短视频营销的市场规模超过 100 亿美元。

直播营销、短视频营销成为跨境电商营销热点,在网红推广作用下跨境电商卖家受益匪浅,包括速卖通、亚马逊、Shopee、Lazada 等跨境电商平台在内,均已先后上线直播和短视频服务板块,为卖家带货提供了新的营销渠道。

2020 年 1 月跨境电商平台直播和短视频观看人数同比增长 76%;通过直播和短视频引导下单金额同比增长 36%;用户在直播和短视频停留时长同比增长 89%。在速卖通举办的一场活动中,品牌商乐尔康首次尝试了在直播和短视频中加入按摩椅此类大物件货品。乐尔康的直播活动如图 6-1 所示。借由这场活动乐尔康店铺的观看用户数超过 1 万人,获得了上万美元的成交额。通过平台直播和短视频带给商家店铺的流量占比接近 40%。

图 6-1 乐尔康的直播活动

一般来说,直播营销和短视频营销的网红策略包括以下几点:

(一)网红定位

如 LEMFO 品牌主营智能穿戴,首先会将目标合作网红定位到科技领域,找到所有科技领域内的网红,根据网红的视频内容风格进一步筛选更符合品牌产品用户定位的网红。非网红性质的销售主播,虽营销技巧突出但是粉丝群体不精准。而网红或 KOL 可以帮助品牌精准定位到某一领域的粉丝,信息传达更有效。

(二)准备工作

不少卖家会从直播输出渠道或发布平台倒推,反向筛选想要合作的网红。例如,视频媒体平台 YouTube、Tiktok、Kwai,社交媒体平台 Facebook、Instagram、VK,新闻社区 Reddit、Quaro,某个行业或领域的专业论坛等。通过观察各个领域的新动向,确认近期内网红账号的活跃度、网红所在地、粉丝覆盖群体、粉丝性别等。如果是想要与网红合作新品开箱测评,卖家可以先向目标网红寄送样品,根据新品发布策略,敲定网红档期和具体上线时间。

(三)主题风格

通常而言,网红对自家粉丝的群体属性、购买力和消费倾向较为熟悉。卖家不要强制干预网红惯有的直播模式或内容风格,卖家可以在传达产品卖点、主推点的前提下结合网红意向规划推广形式。

(四)粉丝福利

粉丝福利有助于提升品牌推广和产品销售变现。除了提供粉丝专属现金抵用券、运费险、折扣优惠券之外,还可以与网红合作推出联名款。

(五)效果衡量

成交额、视频曝光量、互动率、产品链接浏览量的增长等,都是衡量网红 ROI 的重要指标。比起销量转化,店铺或网站流量的导入、品牌覆盖人群的扩大以及品牌曝光度的提升也是卖家衡量网红 ROI 的重要指标。卖家可能会依据不同产品同一阶段、同一产品不同阶段的推广目标,针对粉丝留存、流量增幅以及转化率设置可量化的数值。

(六)合作模式

网红按照订单成交量收取一定比例的佣金。对于保持长期合作的网红或者品牌黏性较强的粉丝,也可以将他们发展为代言人或代理商。代言人对品牌形象的搭建和订单的增长都是有帮助的,稳定的代理商对订单的增长帮助还是比较大的。

任务二　直播营销推广实践

项目导入

在第69届戛纳国际电影节中,巴黎欧莱雅在美拍开启#零时差追戛纳#系列直播,全程记录下了中外明星在戛纳现场的台前幕后,创下311万总观看数、1.639亿总点赞数、72万总评论数的各项数据纪录。而带来的直接市场效应是,直播四小时之后,某明星同款色号唇膏在欧莱雅天猫旗舰店售罄。

【思考】 巴黎欧莱雅作为欧莱雅集团旗下的化妆品子品牌,为什么要开启直播营销,为何能获得良好的市场效果呢?

一、设定直播营销推广目标

"全民直播"掀起了电子商务新一轮的高潮。受众群体需求的"多样化",给直播营销策划带来了复杂性,基于目标群体定位和数据分析,是未来直播竞争的重要环节。

在制订直播营销计划过程中,卖家始终要围绕着客户需求、品牌影响力、产品质量、精致服务等方面着手,才是立足根本。营销推广目标定位决定了直播营销的推广内容。

(一)受众群体画像

从不同维度进行数据调查分析,定位客户群体。如年龄、性别、收入状况、网购习惯、网购价格区间、职业、分布区域、上网时间等。把粉丝群体进行归类后,再根据共同的属性进行分类,就会发现不同群体对产品、服务甚至直播内容的需求是有差异的。

(二)品牌定位受众

品牌是企业的代名词,因此品牌时常会凭借自身的效应捆绑市场中的部分消费者。被这些品牌"捆绑"的消费者,就是品牌定位的受众。

品牌定位的受众是企业营销市场中最大的客户来源。品牌给予消费者的便捷度、满足度等会成为消费者购买的原因。因此,在制订营销计划的过程中,一定不能忽略品牌所定位的受众,并且要以品牌定位的受众为主。

(三)产品定位受众

目前产品定位受众主要有两种模式:

第一种模式,企业根据市场中的消费者需求生产相应的产品。企业在进行生产之前,已经对市场进行了深入的了解。例如小米,就是根据消费者的需求来定制产品,推出了性价比很高的智能手机,很多消费者就成为小米的受众。

第二种模式,企业利用产品来开发消费者市场,即先有产品后有需求,以产品来带动消费者的需求。产品进入市场后,以自身的魅力让消费者产生购买需求,这些产生购买需求的消费者就是产品定位的受众。

(四)直播与品牌、产品的结合

直播的受众定位到"80后""90后"较多。由此可见,直播在某种程度上也为企业的营销市场带来了一定的局限性。在制订直播营销计划之前,必须将直播与企业自身的品牌、产品相结合,进而找到市场中真正会被企业直播营销吸引的人群。

如某直播平台与旅游服务平台联手打造的"边旅游边恋爱"的直播节目,除了为观众展示相应的旅游路线之外,还融入了相应的恋爱元素。不仅吸引了"80后"与"90后"的受众,还以非常特殊的"旅游+爱情"为主体,让直播受众中的单身人群与该旅游品牌、产品的受众相结合。只有同时结合直播、品牌和产品,才能准确定位到市场中的目标人群。

二、直播立项与直播定位

(一)直播立项

作为一个企业或个人,要从事网络直播开展品牌宣传、产品销售、文化传播或服务,在立项过程中要考虑到以下几个因素:

1. 团队

直播项目一般由分工协同的直播团队合作完成,团队人员分别负责数据分析选品、直播策划与文案撰写、主播与助理、视觉艺术处理、订单处理及物流发货、客户服务、营销推广等。

2. 资金

直播项目的前期投入是一笔不小的开支,不仅要有启动资金,还要考虑到后续投入及融资条件。前期的产品研发、生产、库存等都需要投入资金才能达到直播开播的条件。同时还要考虑直播推广中的运营成本和因市场变化带来的不可靠风险。

3. 产品

关于产品至少要参考两个方面的问题:一是自主产品,即自主产品的品牌推广和生产加工是否具备竞争力,能否持续扩大生产并实现持续研发能力等;二是采购产品,即产品的同质化程度如何,能否掌控供应链资源优势等。

4.人才培养

网络直播是数字营销的一种形式,可以通过直播进行带货,也可以将直播平台作为流量入口,吸引流量到跨境电商平台或独立网站完成交易。目前跨境电商人才严重缺乏,人才培养周期长,流失率高。能否建立有效的人才培养机制,是跨境电商行业面临的主要瓶颈。

(二)直播定位

直播定位是一个有趣而复杂的过程,要根据企业的产品、品牌、团队等因素,有效地切入直播市场。当然还要准确地对直播市场进行精准的分析,确定直播的方式。

图 6-2 是某商家撰写的直播分析报告。

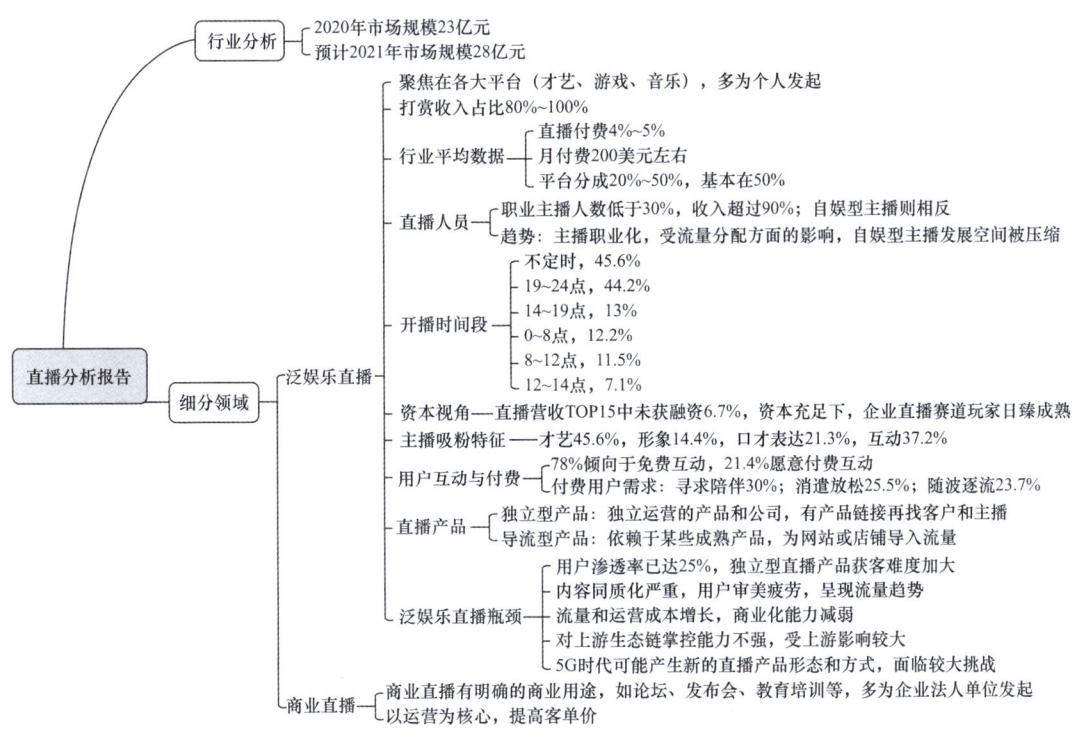

```
直播分析报告
├─ 行业分析
│   ├─ 2020年市场规模23亿元
│   └─ 预计2021年市场规模28亿元
└─ 细分领域
    ├─ 泛娱乐直播
    │   ├─ 聚焦在各大平台(才艺、游戏、音乐),多为个人发起
    │   ├─ 打赏收入占比80%~100%
    │   ├─ 行业平均数据
    │   │   ├─ 直播付费4%~5%
    │   │   ├─ 月付费200美元左右
    │   │   └─ 平台分成20%~50%,基本在50%
    │   ├─ 直播人员
    │   │   ├─ 职业主播人数低于30%,收入超过90%;自娱型主播则相反
    │   │   └─ 趋势:主播职业化,受流量分配方面的影响,自娱型主播发展空间被压缩
    │   ├─ 开播时间段
    │   │   ├─ 不定时,45.6%
    │   │   ├─ 19~24点,44.2%
    │   │   ├─ 14~19点,13%
    │   │   ├─ 0~8点,12.2%
    │   │   ├─ 8~12点,11.5%
    │   │   └─ 12~14点,7.1%
    │   ├─ 资本视角—直播营收TOP15中未获融资6.7%,资本充足下,企业直播赛道玩家日臻成熟
    │   ├─ 主播吸粉特征—才艺45.6%,形象14.4%,口才表达21.3%,互动37.2%
    │   ├─ 用户互动与付费
    │   │   ├─ 78%倾向于免费互动,21.4%愿意付费互动
    │   │   └─ 付费用户需求:寻求陪伴30%;消遣放松25.5%;随波逐流23.7%
    │   ├─ 直播产品
    │   │   ├─ 独立型产品:独立运营的产品和公司,有产品链再找客户和主播
    │   │   └─ 导流型产品:依赖于某些成熟产品,为网站或店铺导入流量
    │   └─ 泛娱乐直播瓶颈
    │       ├─ 用户渗透率已达25%,独立型直播产品获客难度加大
    │       ├─ 内容同质化严重,用户审美疲劳,呈现流量趋势
    │       ├─ 流量和运营成本增长,商业化能力减弱
    │       ├─ 对上游生态链掌控能力不强,受上游影响较大
    │       └─ 5G时代可能产生新的直播产品形态和方式,面临较大挑战
    └─ 商业直播
        ├─ 商业直播有明确的商业用途,如论坛、发布会、教育培训等,多为企业法人单位发起
        └─ 以运营为核心,提高客单价
```

图 6-2 某商家的直播分析报告

三、挑选平台与流量分析

下面以抖音和快手为例,对挑选平台与流量分析进行简要介绍。

(一)平台特征分析

1.抖音

(1)用户类型:年轻流量集中地。

(2)内容形式:以音乐吸引用户,逐步向营销发展;内容质量持续增高。抖音官方公布的内容中,生活记录类内容占比高达21%,是抖音平台上最受欢迎的内容领域之一。

(3)传播方式:"可持续发展"的传播。根据抖音的推荐算法,当天看到的视频可能是很早之前发布的,只要用户喜欢,就有可能一直传播。

(4)带货方式:可以直接链接至淘宝、京东等电商平台。

(5)评论区:品牌不要忽视了评论区的营销力量,特别是评论区的落地页组件。

2.快手

(1)用户类型:快手的男女用户比例比较均衡,达到54∶46,三、四线及以下城市用户占比达到64%。

(2)内容方向:快手用户圈层丰富,用户颗粒度更细,且快手的主播多是"草根"出身,内容带有极强的职业属性(社会属性)。

(3)传播方式:快手主打内容"关注页",主播发布的视频内容更有机会曝光于粉丝眼前,并且快手拥有浓厚的"直播"氛围。粉丝黏性高,相比抖音,快手铁粉对自己喜欢的主播更愿意评论、分享及互动。

(4)带货方式:可链接至有赞、淘宝、快手小店、魔筷等平台。

(二)流量分析

1.抖音直播

抖音的公域流量开口大,优劣势比较明显。优势是成为热门的机会多,可得到更多的关注;劣势是留存不够好。

2.快手直播

快手相对抖音更"私域"一些,快手的"老铁经济"是一种特色。快手会向用户推荐大量的本地流量,这些流量占据了快手70%的流量,其次才是陌生用户公域流量的推荐。

(三)差异性分析

1.用户群体差异

(1)抖音主要是以一、二线城市的年轻人为主。

(2)快手则侧重下沉,以二、三、四线城市和小镇青年为主。

2.产品观差异

(1)抖音的内容创作从消费者的角度出发,重视消费体验,满足消费者看到美好事物的需求。

(2)快手更偏向社区,从内容生产者角度思考,强调多元化、平民化和去中心化,在不打扰用户的前提下,满足用户"记录和分享"的需求。

3.内容分发差异

(1)抖音的内容分发以算法推荐为主,热搜为辅。

(2)快手是"算法+社交关系"推荐为主。

4.短视频表达方式差异

(1)抖音的用户通过软件选择歌曲,拍摄音乐短视频,属定制化表达。

(2)快手则是面向普通人的记录和分享生活,没有制作门槛,随手拍,不限制用户的表达,内容多来源于生活,而不是效果加持。

四、设定场景与设计形式

(一)直播间环境设计

直播场地的大小一般控制在 8~20 m² 为宜,个人主播场地控制在 8~15 m²,团队直播场地控制在 20~40 m² 基本可以满足直播要求。场地可以选择在家庭、门店或办公区,房间要求通风、采光效果好。

提前测试场地的隔音和回音情况,如果隔音效果不好或回音太重,会影响到直播的正常进行。

主播站位在对角线可以使画面显示出纵深效果和立体效果,画面中的线条能更吸引观众,彰显动感活力,突出主题。

主播背后可通过设计摆件(如沙发、衣架、模特等),增加整体画面层次感。

(二)直播场景与产品内容协调

(1)原产地直播,最好插入溯源特效。

(2)生产车间直播,要突出生产工艺和过程,生产工人入镜最理想。

(3)探店直播,添加品牌元素和店内消费者互动情景。

(4)室内主题直播尽量避免同质化、模式化场景,采用互动方式为宜。

(三)灯光及背景

灯光布置以冷光为主,暖光为辅,两组补光为冷暖结合偏冷光。前面补光稍增加一些暖光,可使主播面色显红润。

背景以浅色、纯色背景墙为主,尽量简洁、大方、明亮,杂乱的背景容易使人产生反感或疲劳情绪。

直播间背景灯光的设置如图6-3所示。

图6-3 直播间背景灯光的设置

五、填充内容与宣传推广

网络直播填充内容时,不是随意而发,而是要根据品牌、产品、人群等元素的定位而精心设计。凡是参与直播的静态、动态、声音等都是内容的一部分,每个细节的创意都可能会获得意外的效果。

(一)内容丰富而垂直

内容丰富且能够给粉丝(受众)带来有营养、有价值的信息。如在策划直播内容的时候始终贯穿某款面膜主打清洁、吸附能力强的特点,主播在直播过程中亲自试用并进行佐证。

针对受众的垂直领域设计直播内容,比如根据区域温度、湿度、空气质量、天气等特征,推荐不同地域的人群使用相适应的护肤品。

(二)内容的趣味性

直播的场面气氛不能太枯燥,单向的信息传输,粉丝(受众)被动接受,通常会有乏味感。在直播时可以与粉丝分享生活中有趣的生活细节,激发粉丝的兴趣点、话题点,让整个直播充满互动性。

移动互联网时代,最怕品牌与受众有距离感,因此,想办法积极融入受众中去,从流量转变为顾客,从顾客转变为粉丝。

（三）活动实惠

无论是打折，还是优惠券都是促使受众下单的有效驱动因素。直播过程中，发放优惠券、上架特价商品、送出奖品等都是促使粉丝保持高互动率的有力方式，因优惠而产生的直播间火热气氛能感染更多的受众，吸引更多的人关注。

（四）互动性强

直播是实时的，粉丝当然希望提出的问题能够得到回答，如果直播过程中主播对于粉丝提出的问题不理睬，就会让粉丝丧失参与的欲望和耐心，而且还会对主播产生抵触、反感的情绪。

商家可针对粉丝关心的问题提前准备回答要点，如某款口红为什么会掉色，某款护肤品是否会让皮肤过敏，应该怎么使用产品，注意什么问题等，提前准备好资料。

六、数据分析与优化

数据分析的基础是数据，如果样本不足，会导致整体分析参考性不强。从开播时起就要养成看数据、分析数据的习惯，每场直播后都要复盘，做数据分析。

（一）粉丝量分析

1. 累计观看

累计观看是指本场直播来自所有渠道的观看人数。累计观看人数是一个很重要的数据，一般呈现在直播间的左上角，新粉进入直播间看到观看人数较少，容易流失（停留时长不足）。这个数据对能否获得浮现权的权重影响很大，因此是很重要的一个数据。

2. 最高在线

最高在线是指本场直播来自所有渠道的实时在线同时观看人数的最大值。这个数据可以考核直播对消费者眼球的吸引力，代表了直播间的内容是否让消费者感兴趣。

3. 宝贝点击

宝贝点击是指本场直播中，在手机上点击产品的人数。卖家可通过宝贝点击人数来衡量这一款产品是不是粉丝喜欢的产品。

以上三种衡量直播效果的数据如图 6-4 所示。

直播整体效果		
累计观看	最高在线	宝贝点击
10333	503	3006
		↑上升131.25%

图 6-4　直播效果数据

4. 近时段最高整进、整出数据

这个数据可以监测直播间每天的哪一个时间段粉丝进来得比较多,然后根据记录的数据在这个时间段来做一些营销活动。某直播间整进、整出数据如图 6-5 所示。

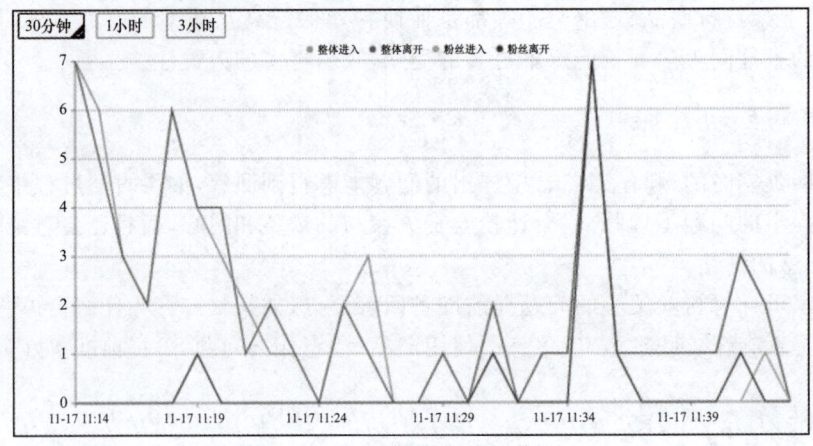

图 6-5　某直播间整进、整出数据

5. 直播间流量来源

从直播间的流量来源可以分析直播间粉丝主要来自哪些流量口,通过这个数据来做一些改善,让直播间从这些入口进来更多的流量。某直播间流量来源如图 6-6 所示。

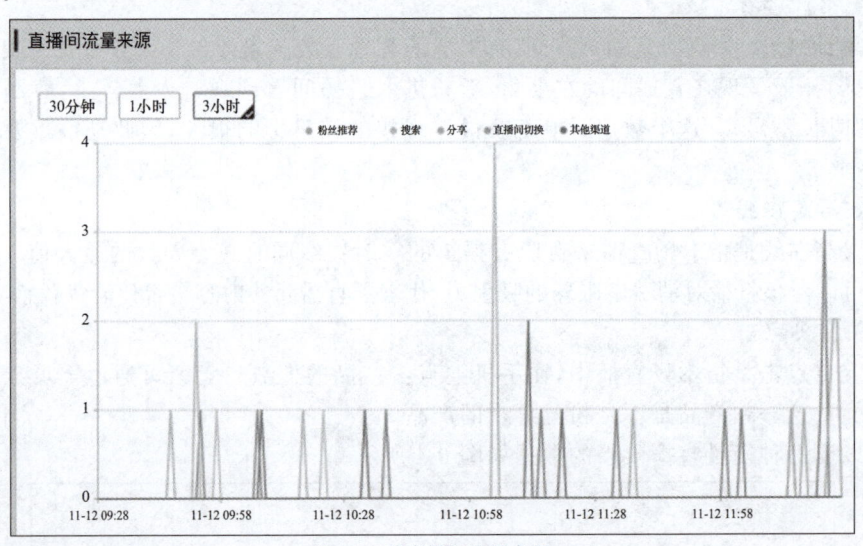

图 6-6　某直播间流量来源

(二)开播时长分析

一般来说,每天开播 4 个小时为黄金时长,主播不会太累,时间又不是特别短,可以挑选在晚上高峰时间段进行直播。在直播之前发一个视频,如果账号权重很高或粉丝量足够,抖音可以拍长视频。抖音对于用户的权限有一些限制,刚刚注册的新用户只能拍摄 15 秒以内的短视频,而升级到中级的用户就可以拍摄 60 秒以内的长视频了。

任务三　短视频营销推广实践

项目导入

Intel 曾在 Instagram 上展示了怎样用一件毛衣自己 DIY 一个超级本电脑包。创意首先是一个吸引眼球的点,但是整个视频让受众最为印象深刻是它教会了自己怎样完成一件事。这个视频不是仅仅为了娱乐,也不一定和品牌的产品直接相关,但是对于粉丝来说,的确提供了一些有价值的实用信息,也让粉丝对品牌的好感度增加。

【思考】用短视频的方式进行数字营销,会给受众带来哪些附加价值?

一、设定短视频营销推广目标

网络媒体发展到今天,文本和图片作为常见的内容承载形式,已经不能满足用户的需求。作为一种新媒体,许多跨境电商企业和个人已经把短视频视为新一代的营销工具。

(一)目标人群定位

短视频营销的第一步是对目标人群进行定位,也就是了解短视频的用户画像。用户画像指的是将一系列真实的用户数据抽象地虚拟成一些用户模型,然后对这些用户模型进行分析,找出共同的典型特征,细化成不同的类型。再根据细分出来的用户画像来进行用户需求分析。

用户数据分为静态信息数据与动态信息数据两大类。静态信息数据变化不大,较容易掌握。动态信息数据在收集时较为困难,因其具有实时变化的特征,故而在不同时期变化较大。短视频制作者需要进行长期追踪、收集,并且从其变化中分析出目标用户需求的改变,根据变化对短视频的定位进行调整,保证短视频发展的稳定性。

构建用户画像实际上是将用户标签化的一个过程。在经过数据收集、行为建模后就可构建出用户画像。精准地按照目标人群的喜好来对短视频进行设计,将焦点固定在具象化的用户画像上,避免焦点分散导致短视频成品内容脱节。

(二)制作内容定位

"同频"内容是制作短视频的宗旨,直接击中目标用户的兴趣点、痛点或痒点,可以使对方产生共鸣和分享欲望内容。"同频"短视频内容标签具有以下特征:

(1)使无聊的概念也变得有趣的短片。
(2)使复杂的事情容易理解的短片。
(3)使困难的解决方案变得容易的短片。

(三)覆盖范围广

与传统的 PC 视频相比,短视频市场呈现出巨大的潜力。截至 2020 年底,境内活跃的短视频用户达到 7.6 亿,比去年同期增长 21.37%,平均每两个移动用户就有一个短视频用户。

短视频平台的分布处于分散的异构竞争状态。因此短视频营销推广和交付"多线作战"是必然的。对于电商企业而言,境内短视频分销渠道包括电子商务平台短片、抖音、快手、火山、微博、微视觉、今日头条、微信等,这些都可以部署。

二、粉丝画像与构思要素

在短视频营销推广中,可利用短视频平台的智能算法工具向粉丝(用户)推荐不同的短视频产品。在短视频内容创作上,明确粉丝真实需求,挖掘粉丝感兴趣和喜闻乐见的素材,是成功的基石。

粉丝画像是一种勾画目标客户,联系粉丝与产品/服务,改进内容与营销策略的模型。它是真实用户的虚拟代表或抽象,是建立在真实粉丝基础上的,不是指一个具体的单体。粉丝画像构思要素见表 6-1。

粉丝画像与构思要素

表 6-1 粉丝画像构思要素(PERSONAL)

字母	属性	用途
P	基本性(Primary)	用户角色是否基于对真实用户的情景访谈
E	同理性(Empathy)	用户角色中包含姓名、照片和产品相关的描述,该用户角色是否引发同理心
R	真实性(Realistic)	对那些每天与用户打交道的人来说,用户角色是否看起来像真实人物
S	独特性(Singular)	每个用户是不是独特的,彼此很少有相似性

(续表)

字母	属性	用途
O	目标性（Objectives）	用户角色是否包含与产品相关的高层次目标，是否包含关键词来描述该目标
N	数量性（Number）	用户角色的数量是否足够少，以便设计团队能记住每个用户角色的姓名，以及其中的一个主要用户角色
A	应用性（Applicable）	设计团队是否能使用用户角色作为一种实用工具进行决策设计
L	长久性（Long）	用户标签的长久性

三、内容定制与内容植入

一个优秀的短视频作品，可以使粉丝乐于观看并主动转发。这主要取决于短视频的内容定制和内容植入。策划短视频的时候，应重点把握以下几点：

（一）主题明确，控制时长

短视频的主题基调要精准、明确，最大程度吸引目标用户的关注。短视频主题选取要点如图6-7所示。

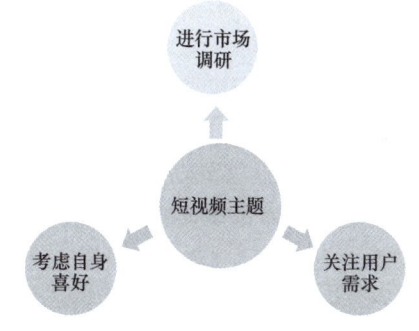

图6-7 短视频主题选取要点

1.进行市场调研

在确立短视频的主题之前，首先要进行市场调研。能够在网络中受到用户喜欢的短视频，一定有其独特之处，短视频创作者应该对其进行反复观看，找出其亮点并加以记录，从而了解到当下的市场需求。

不同的平台有不同的特点，短视频制作者应该对各类平台分别加以调查研究，将所得到的数据制成图表，进行对比分类，根据目标用户来选出其中的最优主题，这样才能保证短视频成品可以吸引用户的注意。

2.考虑自身喜好

短视频制作者自身的喜好也是需要重点考量的因素之一。当一个人喜爱一件事的时候,就会针对其有更多的了解,于是在自身的知识储备库中就积累了大量的素材,从而在制作主题相关的短视频的时候就能想出更好的内容。制作者如果贸然选择一个之前从未涉及的主题,最终的成品很可能会因为了解不足而出现漏洞,这样会使得用户在观看之后怀疑短视频制作者的专业度,从而留下不好的印象。

3. 关注用户需求

短视频的成品最终还是要面向目标用户进行宣传推广的,能否得到其认可,与主题的选择有着极大的关系。短视频主题的选择必须要满足其目标用户的需求。这样才能使其有观看的欲望,从而产生流量。

短视频制作者需要对用户的需求进行前期调研。此类调研需要较为庞大的数据来得出确切的结果,每个数据都必须保证真实有效,这样才能避免最终结果出现偏差。制作者在进行数据处理的时候要使用科学的方法,从而在保证正确率的基础上提升效率,避免浪费时间。

在确定短视频的主题后,还要注意把握其最终成品的时长。短视频之所以能够受到用户的喜欢,是因为其方便用户在生活中的碎片时间里进行观看,这就要求短视频的长度不能太长,否则就会失去其市场竞争力。但是同时也不能太短,过短的成品很难表达出制作者的全部意图,难以真正令用户理解并认可。

(二)落地执行方案

短视频的方案策划除了需要满足用户的需求以外,还必须可执行。一个可执行的策划方案才有意义。一个短视频策划案的可执行性与所持的资金、人员的安排以及拥有的资源都是分不开的。只有具体考虑完这些实际的问题,才能做出一个可落地、可执行的方案。短视频落地执行方案设计要点如图 6-8 所示。

图 6-8 短视频落地执行方案

1. 找出问题关键

不同主题的短视频方案在制订的过程中都会遇到不同的问题。为了确保最终得出的方案具有可执行性,策划者要找出问题的关键点,然后有针对性地制订解决计划。计划中需要包含策略以及实施的步骤,这样在执行的时候才可以有条不紊地推进，避免出现纰漏。

2. 充分利用资源

短视频制作者手中握有的资源越多，在实施计划的时候起点也就越高。资源虽然不能决定一个短视频的成败，但是却能给予其很大的帮助。

3. 工作化整为零

一个短视频从策划到制作再到运营，每个环节都有着复杂的工作流程。盲目开展工作很容易走弯路，从而降低工作的效率。为了避免这一情况，短视频策划者应该在策划方案中将工作化整为零。

4. 成员分工协调

对成品要求较高的短视频作品，一个人单独完成是非常困难的，须建立一个团队，招募具有不同专业技能的人员共同合作，才能保证制作的效率。好的分工协调机制可以使得工作效率更高。

（三）三幕剧结构让用户快速融入

用户的时间是有限的，短视频的长度虽短，但如果迟迟不能进入内容的高潮，会使得用户失去看下去的欲望。再好的内容如果不能被看到，也同样是毫无意义的。制作者应该运用一些技巧，使得短视频在开篇处就能快速进入高潮，吸引用户的目光。

对于非剧情类的短视频，短视频制作者应该在开头就介绍视频的目的，快速引起用户兴趣。为了保证用户能够持续看下去，还可以在开头设置一个悬念，并且在之后通过语言等行为不断加深此悬念，使用户产生好奇心，从而始终保持观看的欲望。

而剧情类的短视频，则需要在故事的开篇就制造一个小高潮，牢牢抓住用户的眼球。故事类的短视频与电影类似，虽然没有电影的技术含量要求高，但是在叙事结构上是相似的。

剧情类短视频内容的分布如图 6-9 所示。

图 6-9 剧情类短视频内容的分布

四、整合营销与视频传播

短视频是网络营销的"新宠"，符合了互联网时代发展的需求。企业该如何将短视频整合营销，为之带来更多的收益，是一个重要的问题。

(一)短视频整合营销策略

1. 从消费者的角度出发

企业应从消费者的角度出发,了解其喜好并且投其所好,同时根据不同地域的风俗习惯、人文地理、气候条件等因素制定企业策略。消费者喜欢什么、愿意看什么,就制定怎样的品牌营销短视频,当短视频引起消费者关注的时候,品牌营销就成功了一半,品牌创立和宣传也就更加容易。

2. 从环境出发

根据企业所处的不同市场环境和发展阶段,企业秉持的策略是不一样的。一个成熟的品牌和一个刚要树立品牌形象的企业,其营销策略更是不尽相同。内容制作中要因地制宜、灵活调整。

3. 从市场定位出发

有市场就会有竞争,针对竞争对手的策略,制定出反针对性的策略,打造有利局势。

(二)短视频整合营销原则

1. 平台调性和内容定位匹配度

每个平台都有自己的属性和特点,受众用户也有差异。比如男性用户偏多的平台,适合投放科技类、汽车类短视频。而年轻女性偏多的平台,适合投放美妆类、时尚类短视频。如果短视频是游戏电竞方面的,则适合投放到游戏用户比较聚集的平台。

2. 把握平台规则

调性一致的内容更受平台欢迎,但有时候受渠道规则所限,营销时要做调整,使方案符合渠道的要求。比如有的平台有时长和视频大小限制,要把视频缩短至1分钟以内。视频多渠道分发时,可以根据各平台的规则分别剪辑视频,比如有的平台就要求在视频上加上备案号。

3. 根据人力情况拓展渠道

在人力、财力不足的情况下,可以选择一些渠道合作,把短视频授权给一些渠道发行,这样不仅可以节省人力,还可以扩大多个渠道的影响力,甚至可以全渠道分发,获取更多曝光。

五、数据分析与优化

(一)粉丝量与关注量分析

短视频运营环境是动态变化的,运营者想要做好运营,就要不断地调整运营策略,策略的调整应以数据为基础,基于作品维度、用户维度及利益维度,增加粉丝量与关注量。

1.作品维度

内容输出是短视频平台的主营业务,即便是卖货主播也需要做一些短视频来保持人气。在作品维度有三方面的数据,可通过优化增加粉丝量与关注量。

(1)作品曝光度

作品曝光度会直接影响账号的涨粉速度、变现效率等。如果运营者发现自己的作品的质量并没有降低,但是播放量大幅度下降了,则很可能是账号违反了平台规则。

(2)评论热词的出现频率

运营者通常都比较关注短视频中用户的评论数,但是很少关注视频评论区的热词。而评论热词非常具有挖掘的价值,它能反映出观众对视频的态度。

(3)最高数据

在分析视频最高数据时需要找一个参照标准,既可以使用竞品的最高数据,也可以用行业内的平均数据,以此评估上升空间还有多大。如果最高数据远低于参照标准,运营者要分析一下原因,尝试不同的解决方案。

2.用户维度

用户维度中运营者主要关注的是粉丝价值,而想要提高粉丝价值则需要注意:粉丝贡献度、参与指数与引流指数三项数据。

(1)粉丝贡献度

对粉丝价值影响最大的因素就是粉丝贡献度,即粉丝的支出。对于卖货主播来说,销售额直观地反映了粉丝贡献度。

粉丝贡献度也是品牌选择合作伙伴的重要参考数据。因此,如果粉丝贡献度很低的话,运营者要好好思考并研究一下究竟是哪个方面出现了问题。

(2)参与指数

参与指数反映了粉丝评论、观看直播等行为的活跃程度。参与指数越高,粉丝的黏性越强,粉丝贡献度也高,各项数据往往是联动的。

(3)引流指数

引流指数反映了粉丝的自发传播能力,一般用转发量来衡量。在提高内容质量的同时,可以采用多发福利的形式提高作品的转发量。运营者可以根据自身的财力和账号的风格特点来决定福利的内容,但一定要对粉丝有吸引力。

3.利益维度

如果运营者只是单纯的短视频创作者,就要多关注上热门的时间、视频综合热度等。这些数据的表现越好,运营者能够获得的利益也就越多。

(二)转化率与评论量分析

1.流量与转化率

好的转化率不仅意味着卖家产品将借助当前的流量水平产生更大的销量,而且意味着提升店铺的搜索排名和媒体传播领域的影响力,形成更多曝光,获得更多流量,带来更多销量,更多客户评论,品牌知名度乃至转化率的提升。这就是为什么转化率优化必须成为所有卖家优先考虑事项的原因。

2.PMF 分析模型

马克·安德森将初创企业的生命周期分为两部分:产品-市场匹配之前和产品-市场匹配之后。产品-市场匹配(Product-Market Fit,PMF),指的是产品是否有足够的价值,但这不是由自己决定的,关键在于是否得到市场和客户的认可。

表 6-2   PMF 分析模型

模型问题	参数值	参数值	参数值
产品被推荐人数	无	10 人以内	10 人以上
继续使用产品满意度	失望	满意	期待下一代产品
离开产品的速度	快速	5 分钟后离开	10 分钟后离开
每天使用产品次数	不使用	偶尔用	随时使用
新增日活跃用户(DAU)	0~100	100~300	300 以上
新用户次日留存	10%	30%	50%以上
达到 10 万用户量	100 天	300 天	不可见
用户终生价值/用户获取成本(LTV/CAC)	≥1%	≥3%	0
月流失率	≥5%	≤2%	0

3.用户转化模型

用户转化模型如图 6-10 所示。

(1)了解用户如何找到我们。

(2)用户完成首次激活。

(3)如果获得好的体验,用户会留下来。

(4)用户完成购买,平台也获得了收入。

(5)用户购买完成后有持续良好的体验,则会促进产品的再传播。

4.转化率提升法则

转化率的提升是一个持续和长期的过程,在某个阶段可以使用数据分析和优化方法提升指标,一段时间后,因环境的变化、用户习惯的变化等各种原因,有些方法和措施需要进行调整才能保持高转化率。因此,我们需要掌握转化率提升的闭环,持续

项目六 运用直播和短视频开展跨境营销

进行改进。只有高转化率,并不断地通过推广累积粉丝量,转化量才能提升。

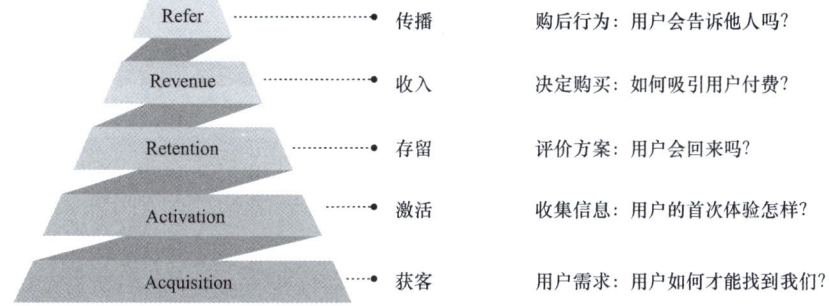

Refer	传播	购后行为:用户会告诉他人吗?
Revenue	收入	决定购买:如何吸引用户付费?
Retention	存留	评价方案:用户会回来吗?
Activation	激活	收集信息:用户的首次体验怎样?
Acquisition	获客	用户需求:用户如何才能找到我们?

图 6-10 用户转化模型

5.短视频评论量分析

用户有的时候很懒,尽管他觉得你的视频不错,但是他最多也就给你点一个赞而已,想要他给出评论,就必须给他一个评论的动力。因此有的账号会在视频当中留下一个问题和用户讨论,也有的账号会故意提出有争议的问题,让用户忍不住在评论区进行留言,表达自己的观点。

短视频获得的评论数量是考核互动效果的重要指标。如果没有评论或者评论数量很少,说明视频的推广渠道或热度不够,用户浏览量不足或视频内容无法打动粉丝;如果浏览量、观看量、点赞量很大,但评论数量很少,则说明视频内容无法打动粉丝,没有引发粉丝的关注。

项目总结

本项目着重分析直播和短视频营销的含义和推广方法以及实践,本项目的思维导图如下:

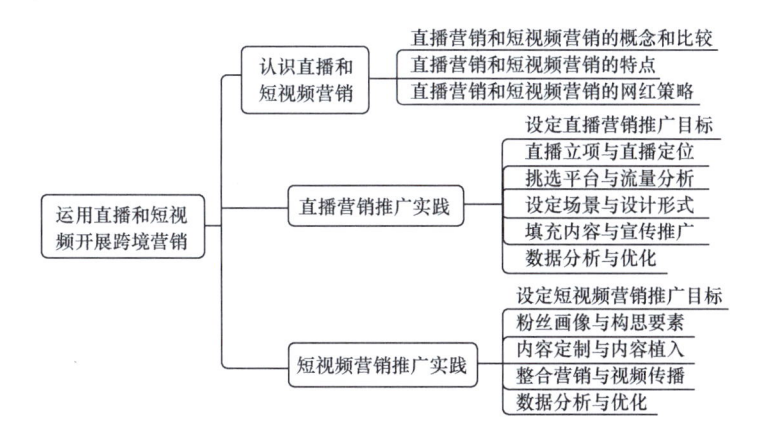

运用直播和短视频开展跨境营销
- 认识直播和短视频营销
  - 直播营销和短视频营销的概念和比较
  - 直播营销和短视频营销的特点
  - 直播营销和短视频营销的网红策略
- 直播营销推广实践
  - 设定直播营销推广目标
  - 直播立项与直播定位
  - 挑选平台与流量分析
  - 设定场景与设计形式
  - 填充内容与宣传推广
  - 数据分析与优化
- 短视频营销推广实践
  - 设定短视频营销推广目标
  - 粉丝画像与构思要素
  - 内容定制与内容植入
  - 整合营销与视频传播
  - 数据分析与优化

155

同步训练

一、选择题（不定项选择）

1. 直播营销的特点包括（　　）。
   A. 激发客户好奇心 B. 拉近用户距离
   C. 沉浸式体验 D. 展现企业特色

2. 短视频营销的特点包括（　　）。
   A. 低成本营销 B. 数据效果可视化
   C. 可持续发展的传播时限 D. 精准用户投放

3. 直播的填充内容要考虑（　　）。
   A. 丰富而垂直 B. 内容的趣味性
   C. 实惠活动 D. 互动性强

4. 以下哪个不是短视频营销的特点。（　　）
   A. 用时短 B. 成本低
   C. 传播快 D. 定位准

二、简答题

1. 直播营销是什么？短视频营销是什么？
2. 直播和短视频营销的优劣势有哪些？

三、实训任务

BEN&JERRY'S 是美国的一个冰淇淋品牌，以口感香醇和口味新奇闻名。它在 Instagram 上发布了一只他们制作冰淇淋过程的短片，对于食品而言，食品安全和加工过程应该是粉丝比较关心的问题，BEN&JERRY'S 公开了他们制作冰淇淋的过程，无疑增强了粉丝对其的好感。请你分析 BEN&JERRY'S 短视频营销成功的原因。

项目七

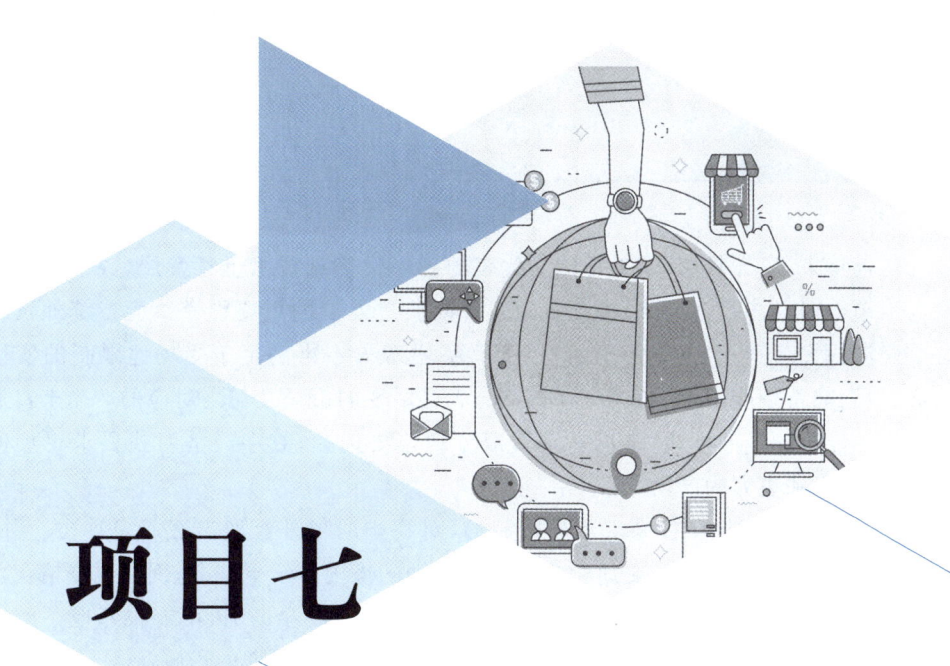

运用数字展会开展跨境营销

学习目标

知识目标
- 了解数字展会的含义和趋势。
- 熟悉数字展会营销推广的目的。
- 掌握数字展会营销推广的步骤。

技能目标
- 能够熟练掌握数字展会营销推广的操作步骤。
- 学会分析数字展会效果并根据数据进行改进。

素质目标
- 培养对数字展会营销的洞察力和综合分析能力。
- 培养人际交往过程中的语言表达和沟通能力。
- 培养对数字展会行业的职业认同感。

跨境电商数字营销

近年来,以大数据、人工智能为代表的新一代信息技术迅猛发展,数字经济已成为引领全球经济社会变革、推动我国经济高质量发展的重要引擎。而传统外贸在数字经济的大背景下,也正面临着"巨变",买卖双方不再满足于受场地限制的实体展会,他们都希望能满足数字管理的需求,满足多变的市场及与之对应的产品丰富度的需求。传统的线下模式,不再是买卖双方的首要选择,数字经济时代要求更加便捷化、高效率和更大的产出。

2020年全球经贸往来遭受严重制约,对我国的对外经贸造成一定冲击。并且,作为高度依赖要素聚集、交通运输和人员流动的境内外线下展会,因新冠疫情全面取消或延迟。成为国际贸易新航道的跨境电商因缺乏展会助力,不能很好地了解全球市场和不断变化的客户需求,给对外经贸造成了直接和长期的影响。

为了打破疫情给跨境电商线下展会带来的物理阻隔,打通国际贸易新航道,跨境电商展会开始创新思维,另辟蹊径,纷纷寻求通过线上数字化的方式来延续其原本线下展会的影响力,打破了展示的时空限制,开启"云端"模式,在线上广招天下客,足不出户做全球跨境贸易。

任务一　认识数字展会营销

项目导入

2020年6月15日,"云上"广交会在广州举办。2020年6月16日,"云上"服贸会在北京举办。天眼查数据显示:2020年新注册的提供线上数字展会服务的相关企业有343家。新平台、新技术、新内容、新营销、新服务,各项创新让云端展会变得别开生面、遍地开花。

数字展会背后的技术营销需求,引来了腾讯、京东、阿里巴巴等互联网企业的参与。数字展会是一项复杂而庞大的系统营销工程,隔行如隔山,那么为什么互联网企业作为外行纷纷涌入数字展会这一行业,背后有什么意义,又会带来怎样的趋势呢?

一、数字展会的概念

(一)数字展会的含义

数字展会又称"线上展会""双线会展""云会展"等,是指以互联网为基础,通过云计算、大数据、人工智能技术实现的数字化营销系统。数字展会通过数字化运营管理,构建了一个数字信息集成化的展示空间,形成全方位、立体化的新型展览和服务模式,是对线下会展模式的一种有效补充。

(二)数字展会的特征

数字展会运用先进的信息技术,建立了全面的线上展示平台。展示形式主要包括:线上展示对接平台、直播营销、供采对接、第三方平台同步活动等。数字展会主要呈现出以下特征:

1.时效性强

基于云计算、大数据、移动通信等新一代信息技术,数字展会采用在线签约、在线洽谈、直播推广、实时翻译等方式和技术,同时平台还提供回看点播、视频上传、互动交流、分享等功能,让沟通更及时、展示更丰富、交流更通畅,极大地节省时间、提高效率。

2.覆盖面广

数字展会打破了传统展会时空、语言束缚,可实现全天候网上推介、直播营销、供采对接、在线洽谈等新功能,让更多的企业和观众实时共享会展平台。

3.成本低

比起线下展会从展台租赁、搭建到人力、运输等成本叠加,数字展会除了缴纳一些管理费用外,只需在展会平台发布相关信息,就可吸引世界客户,从而实现全行业、全企业的参与、共享和良性发展。

4.精准度高

数字展会可实现需求与供应精准匹配,通过大数据分析,精准获取展会的总流量和展商数据,以实现精准化对接服务,可在线举办专场一对一对接活动,减少筛选时间,降低选择成本,提升交易效率。

(三)数字展会的功能

数字展会是以数据为驱动建立起来的,而不是简单地把线下场景复制到线上。它是一个全新的数字经济模式,数字展会的功能包含线上产品展示、线上沟通交流、数据运营、活动运营等,见表7-1。

表 7-1　　　　　　　　　数字展会的功能

功能	主要内容
线上产品展示	对文字、图片、视频、VR、AR、MR、3D、2D等的展示
线上沟通交流	语音沟通、视频沟通、名片交换、业务洽谈、下单等
数据运营	流量及数据抓取、轨迹探测、大数据分析、AI智能营销等
活动运营	长期可持续服务、定期展会促活、广告推广、活动策划推广等

二、数字化商展的发展趋势

自新冠疫情暴发以来,境内外各界展会延期或取消,会展业遭受前所未有的沉重打击,数字展会拓展了展会的模式,"线上办展"成为各界期盼的解困之道。2020年上半年,山东省为应对疫情,举办了中东欧、巴基斯坦、泰国、肯尼亚、澳大利亚等7场山东出口商品"云展会",组织了1 500余家企业参加线上广交会、华交会,山东上半年跨境电商零售进出口增长135.9%,"数字展会"功不可没。2020年6月15日至24日,广交会第一次在"云端"举办,海内外近2.6万家企业线上展出约180万件商品,5 000多场直播同时进行,中外客商足不出户就能觅商机、做生意。6月8日至28日,全球跨境贸易领域规模最大的线上展会、阿里巴巴国际站网交会在线上举行,参与网交会的全球各地采购商超过千万,6 000多场直播同时展开,连接着中国100个特色产业带和1.5亿海外采购商。

(一)线上与线下、虚拟与现实办展相结合

疫情给予线上办展快速发展的契机,会展行业已经充分认识到"数字展会"将是未来的发展趋势,数字展会需要以科技创新和精细化服务为抓手,打造出适应时代背景和行业需求的新会展模式,提升观众逛展体验,切实提高会展效益,让线上办展优势得以最大程度地展现。

但基于提升用户现场体验感和反线上同质化竞争等多重考虑,"线上+线下"办展相结合有望是未来展会的最优组合。实体展会当下所拥有的主导地位及固有优势决定了其在未来较长一段时间内存在的必然,但随着技术的进步和消费的变革,从长远来看,虚拟会展发展前景不可限量。线上与线下、虚拟与现实办展相互补充、融合发展、双线并进将成为后疫情时代展会可持续发展的重要保障。

(二)大数据、云计算等数字技术重塑运营管理

数字展会除将VR、AR、MR等技术应用于线上全景展览外,数字技术对数字展

会的变革更体现在对其运营管理的重塑上。大数据、云计算和人工智能等新一代数字技术为数字展会的升级和发展赋能。

一方面,数字技术可以让传统的活动筹备实现更高效的信息沟通,有效降低活动的成本,扩大活动的影响力,例如电子邮件系统可以高效、低成本地进行客户邀请管理,而数字展会的互联网直播则可以延伸参展商的现场展示。另一方面,新一代数字技术也让会展活动激烈的竞争从线下蔓延至线上。为了提升竞争力,会展主办方将不得不进一步探索数字化服务、经营和管理,如线上沟通、数据运营以及活动运营等。

(三)满足客户个性化需求

未来对于个性化的数字展会,定制成为可能。价值链和需求链的推动力来自消费者,由用户和参展商自主设计、自己主导会展主题和展出内容将成为可能,这将是一种新型的会展形态和经济模式。

构建网络数据互动平台,通过互动平台共享数字展会信息,通过个性化定制服务,实现"点对点、多对多"对话,帮助参展商将客户资源、销售资源、市场服务、营销决策等整合起来,强化与目标受众间的关联,为采购商更精准化地服务,促进供采双方通畅交流,将产品智能推送至需求匹配度高的采购商群体,提高供采效率。

三、多平台数字展会概况

全球疫情暴发,跨境物流不畅,跨境贸易受阻,线下展会全面取消或延迟,给跨境企业寻找和开发客户带来很大冲击,导致商机资讯获取困难,交易量下滑。数字化的营销与运营成为不可逆转的未来趋势,众多全球知名品牌纷纷寻找线上模式来延续其影响力,同时广交会等境内外展会纷纷转为线上。阿里巴巴等跨境电商平台也逐步推出"数字展会",帮助商家提升数字化能力,为买卖双方提供了更多的商机资讯。

(一)阿里巴巴国际站数字展会概况

2020年5月11日,阿里巴巴国际站结合抗疫期间中小外贸企业无法参加线下展会的痛点,推出为期14天的"511全球线上展会",是跨境电商领域的"云展会"首秀。数字展会期间,阿里巴巴国际站举办了上千场跨境B类直播,全球20多万批发商前来观展、询盘、采购。

(1)线上数字展会从交易达成,到物流、报关、支付结算、汇兑、退税、金融等所有流程,均可在线上完成,数据还将沉淀为商家的信用记录。

(2)场景丰富。阿里巴巴国际站线上展会划分了不同品类场景,分类清晰。丰富多彩的直播交互场景,便于买家查找进入,共同营造起全球买家、卖家供需对接、自由交易的线上场景。

(3) 形式丰富。阿里巴巴国际站线上展会充分发挥自由平台的视频化、直播化的优势,大量设置直播和短视频模块,使买家能直观地看到卖家的办公环境、工厂和商品等,买家足不出户即可看到商家的工厂全貌。通过音视频通话,买卖双方可以面对面沟通。买家"逛展"不再是走马观花,能够增强买卖双方的信任和交流,便于商家营销。

(4) 数字技术的支持。在数字时代,买家想要什么样的商品,可以直接检索关键词来搜索商品。而通过大数据、人工智能精准匹配,从卖家的优势、买家的偏好等条件出发,买卖双方的供需对接更加精准、高效,避免了线下漫无目的地查找。

线上展会开启了一个全新的数字贸易时代。传统的外贸卖家和传统的批发商,正纷纷涌入线上展会,带动跨境贸易的逆势增长。阿里巴巴国际站数据显示,2021年5月11日至5月19日,"511全球线上展会"整体询盘同比增长340%,已支付订单同比增长192%,实收交易总额同比增长175%,如图7-1所示。

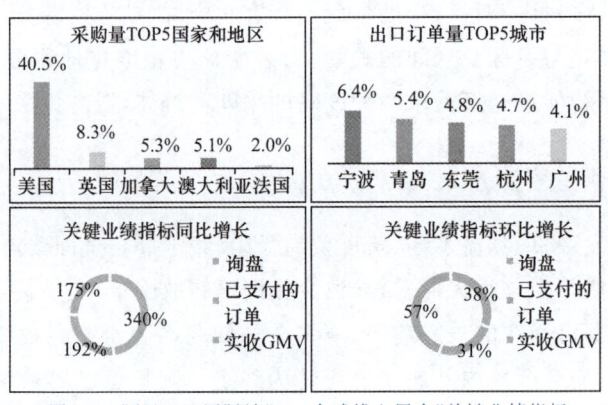

图 7-1 阿里巴巴国际站"511全球线上展会"关键业绩指标

(二) 中国制造网数字展会概况

中国制造网早在2016年就开始研发虚拟展会技术,尝试线上与线下展会相结合的模式,为展会提供更多的可能性和创造更具规模的访问曝光。受新冠肺炎疫情的影响,为了帮助外贸中小企业通过云展会走出经济寒冬,更多线上展会的服务技术被提出,功能更强大的"SMART EXPO 云展会"应运而生。

根据中国制造网平台数据显示,日用品行业2020年第一季度同比流量增长34.4%,询盘商机增长20.2%,环比2019年第四季度流量增长22.2%,询盘商机增长12.9%。日化洗涤用品、家用卫生和纸制品还有家用容器占据了热门商机类目的TOP3,其中洗手液月均询盘增长347%。为了缓解全世界因新冠肺炎疫情导致的防疫物资和居家健康用品的需求缺口,帮助中小企业在经济寒冬抓住商机,中国制造网将"SMART EXPO 云展会"的主题定为"家居日用展"。本场家居日用展汇集了国内超过3 000家参展商,一共带来了300多万件参展商品。展会从2020年4月27日开始,4月30日落幕,持续4天共96小时不停歇。

"SMART EXPO 云展会"是中国制造网用数字化的手段,通过"新商机引流""智能匹配""多元化服务"的方法,将线下展会线上化的同时,对线上展会进行数字化升级,旨在激活全球买卖端和全球会展业的全链路,让买卖双方足不出户,借助线上展会实现精准的供需对接,获取更多交易机会的新型解决方案。

(1)"SMART EXPO 云展会"是数字化运营,智能化匹配。利用名片信息互推来沉淀买家数据。能够对参展数据进行统计,牢牢抓住复盘商机。利用千人千面推荐,进行高效智能匹配,快速直达目标。

(2)为新商机引流,便利化参展。平台汇总分析买家数据,进行站内导流。平台营销推广,视频造势,实现站外扩流。线上低成本营销,供需双方足不出户参展,24小时在线,满足全球买家需求。

(3)能提供多样化展示和多元化服务。线上会客厅可向买卖双方提供私密会谈的场所,满足不同需求;访客短信提醒和询盘留存,提醒客户不能贻误商机;在线聊天实行多语言实时翻译,沟通没有障碍。

(三)环球资源网数字展会概况

受新冠肺炎疫情和国际经贸形势的双重影响,外贸企业面临履约难、接单难、贸易壁垒增多等问题,环球资源网为满足企业抢订单、保市场的需求,推出线上展会,将传统线下的展览会转至在线进行,于2020年7月29日至8月9日举行"环球资源在线展会",全球逾200万线上及展会买家社群可以全天候向已核实供应商进行采购。参展商可以足不出户,就通过在线平台实现开拓海外市场的目标。在线展会有利于打通产销对接堵点,稳定国际市场份额,帮助外贸企业渡难关、保市场、保订单,保障产业链、供应链稳定。在线展会以"医疗及保健""居家办公学习及休闲""家居修缮"为主题,展出包括医疗器械、保健产品、防疫物资、卫生及清洁等化工日用品,以及消费电子家电、礼品、办公用品、智能家居产品、家庭收纳及储物用品等。首日展会浏览量冲破50万,逾1 700名全球买家提交采购需求、近20 000个商务配对建议。

"环球资源在线展会"提供全天候的采购场景让全球买家可以不限时空地接触供应商,买家可在线实现需求对接,获取供应商报价并预约在线一对一会面。除了虚拟展位外,展会特设主场馆、主题产品展馆、产品短视频展示,展会更邀请50位来自全球各地的行业专家举行了40场不同主题的研究会、在线峰会和研讨会。由22位著名演出者献上歌曲、舞蹈及魔术等娱乐活动,是设娱乐内容的在线展会。

"环球资源在线展会"主要有以下特色:

(1)提供特色产品展区,让买家按产品专区,快速浏览产品及参展商。参展商能在展区里发布产品视频,通过个性化展示,吸引买家目光。

(2)可以直接和买家在线聊天,与买家更有效地互动,建立信任。通过在线询盘,可一对一在线会面,更快跟进买家需求。

(3)设置虚拟会议室,与买家建立更私密的商业关系。召开各种在线峰会和研讨会,邀请专家做圆桌讨论、买家案例分析,帮助买家实时捕获最新的行业信息和互动交流,并邀请专业主播面向在线展会的买家介绍供应商的焦点产品,以及工厂、样品间实地报道等,让买家即使在线上也能亲临其境,全天候获取优质对口的产品供应商信息。

(4)为在线展会的观众量身定制活动,提供现场表演。

任务二 数字展会营销推广实践

项目导入

近年来,随着信息技术的飞速发展,VR、AI等新技术逐渐应用到会展行业,加上新冠肺炎疫情的暴发,数字展会发展得如火如荼。但是,一些专业展会刚刚转移至线上,并未给客户带来很好的体验感。更多企业对如何利用数字展会资源还是一头雾水,只是单一地把展商、展品资料放到线上供浏览,或者用PPT演示、介绍。还有一些企业只是简单增加了网购和直播板块,并没有真正把互联网海量的大数据优势发挥出来。对此,数字展会应如何布局线上展览?数字展会营销推广的步骤包括哪些?如何通过"云展会"模式在客户与厂商对接上做得更精准,真正降低厂商的获客成本,提高订单转化率?这些问题成为数字展会亟待解决的问题。

一、设定展商参展目标

(一)宣传企业形象,高效对接客户

基于多年的数字化探索,线上平台能够为展商提供企业专属的直播间,提供直播化、短视频化的交互工具,使企业可以多维度、全视角展示企业实力、趋势好品等。同

时,线上展会的大数据精准匹配供需、细分产品精准搜索等固有优势将持续放大,参展的供应商与采购商之间的对接将更为智能、高效,在数字化工具的加持下,买家用户画像更为清晰,传统的外贸交易将更加透明、直观。如可以深入厂家一线直播,对工厂、生产线、库房做多视角呈现,针对企业资质、商品资质、企业能力做全方位的实时验真,客户无须漂洋过海,也能全方位感知展商的企业实力。

(二)了解行业现状,海量获取商机资讯

线上展会往往将助力前沿资讯的一站式获取放在重要位置。一方面,线上展会联合行业大咖,洞察市场趋势、品类变化,释放全球视野下的行业权威参考信息,助力商家进行战略调整,优化生产经营及企业管理,为参展商分享最前沿的跨境贸易新趋势。另一方面,邀请行业TOP供应商、专业大型采购商、跨国企业采购经理、当地龙头渠道商等,分享行业的第一手采购信息,共同研判跨境贸易的新未来。同时,平台组成线上展会智囊团,提供大势分析、行业观察、数据盘点,以最落地、最实操的形式,为参展商提供最实在的相关数据、信息。参展商跑遍全球寻找商机的场景将一去不复返,线上展会使前沿资讯、商机的获取变得更为轻松。

(三)沉淀数字资产,进一步促成线上交易

线上展会中,无论一场交易是否达成,参展商都可通过后台进行数字化管理,对采购商信息进行精准沉淀,将其转化为自身的数字化资产,此后无论是以何种契机与方式,都可为参展商带来商机。同时,基于线上数字化的高延展度,线上展会通过线上浏览展厅、查看商品信息、观看在线商品直播,以更数字化的方式去呈现商家的商品展示,还可以直接参与各种投票、发言、提问、抢红包、抽奖等互动环节,享受到舒适、流畅的线上参会体验和便捷高效的商品采购服务。直接在线洽谈交易,汇聚大量买家关注,充分加速市场对接,覆盖面会更广,买家的精准度会更高,参展商能够找到更精准的买家,成交机会大大增加。

(四)跨越疫情阻隔,深入了解市场

随着数字技术的进步,线上展会的发展属历史必然,只是新冠疫情突如其来,买卖双方的需求瞬间被激发,历史加快了数字化变革的步伐。受新冠疫情影响,线下展会取消或者延期,使生产企业无法通过线下展会获取更多资源,影响产品招商及销售。为了推介产品,争取客户订单,原来以参展为核心诉求的商家,他们亟须一个相对比较简单,但同时又能帮助他们去大规模获客的线上场景。线上展会整合现有展会资源,充分运用5G、VR/AR、大数据等现代信息技术手段,获取最新的市场动态信息,提高了企业的市场发展趋势洞察力。

二、布局"线上展览"场景

受疫情影响,全球贸易全链条都在经受挑战,不少商家纷纷转向线上。线上展会依托大数据+AI技术,构建集直播展示、在线撮合、在线询盘、在线洽谈、在线签单为一体的线上展览交易闭环,助力企业线上展览推广和精准营销。除了需要遵循实体展会布展的目的性、艺术性、功能性、科学性原则外,线上展会布局更应突显数字化优势。跨境电商平台的线上展会布局基本框架如图7-2所示。

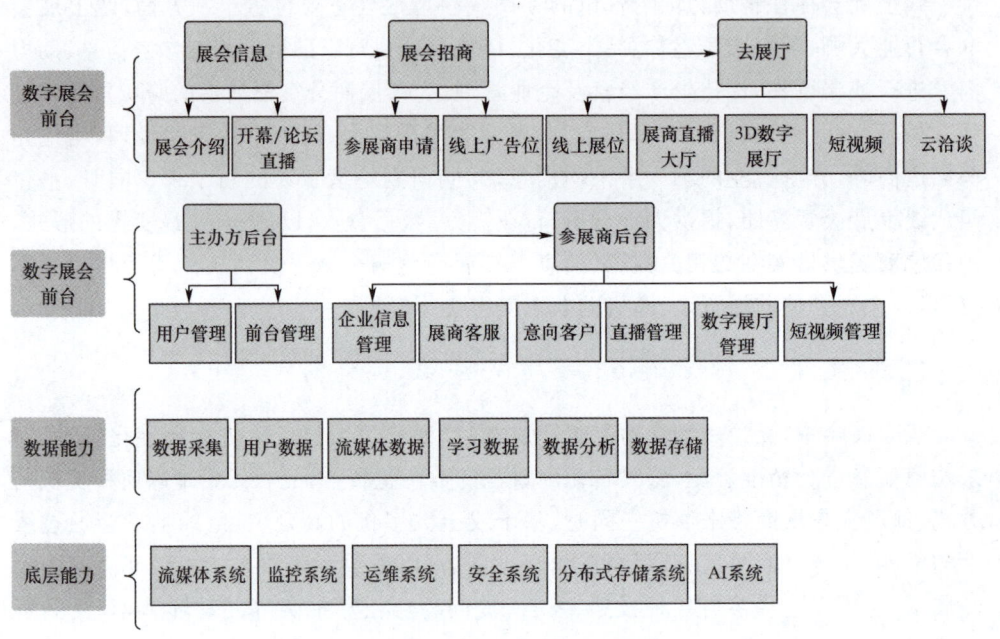

图 7-2 跨境电商平台的线上展会布局基本框架

(一)一站式服务,力促供需精准对接

搭建适配多终端、多语言版本的云展会主页,包含展会介绍、开幕/论坛直播、参展商申请、线上广告位、线上展位、展商直播大厅、3D数字展厅、短视频、云洽谈等丰富的模块,生成WEB、移动端、H5、海报、小程序等在线宣传资料,扩大推广,精准邀约,帮助客户了解展品和展商,实现供需的精准对接。通过多语言版本,实现面向全球的展示。

(二)直播+云洽谈,深度适配"线上展览"场景

在参展商的直播推介环节,平台为商家定制了品牌设计感突出且功能丰富的云展厅。除常规的红包、优惠券、连麦、聊天、打赏礼物等直播互动外,同时还支持视频

回放,内容可进行二次传播,用户可下载留存,带来二次商机。直播系统导出参展人看直播时的登记信息,方便会后展商二次联系,进行定向转化。另外还有产品推荐、在线询盘、预约洽谈、私聊、名片交换、在线签约等数字展会专属功能。在商家直播间,供采双方可以随时随地开启云洽谈。

(三)展前、展中智能化邀约用户

通过大数据分析、AI算法和庞大的数据库,在线上展会开展前,可以全平台进行精准邀约,扩大线上活动影响力。线上展览进行过程中,可以实现智能推荐、预约撮合,文字、语音、视频三种方式帮助客户和展商之间顺畅洽谈、在线询盘,智能化邀约客户参与线上展会,实现高效率的"云对接"。

(四)大数据后台沉淀数据资产

数字展会结束后,大数据后台会帮助参展商采集、留存相关信息,包括观看人数、观看次数、观看时长、商品推屏次数、推屏时长、详情点击次数、推屏点击人数等多维度观看数据,直观清晰地呈现线上客户的浏览、互动等行为,方便跟踪、回访和开拓新客户。以大数据为基础的精准营销将成为助力参展商成交的利器。

(五)信息安全技术保驾护航

通过信息系统安全等级保护三级备案认证、鹰眼系统实时全链路监控、备灾保障、安全审计、漏洞攻防等技术,线上展览筑起防火墙。包含超管巡房、发言管控、信息审核、防黄防暴、违规封停、视频风险管控、音频风险管控、举报风险管控等在内的数十项措施,可确保云展会全程合规进行。

线上展览可以打造集云展示、云推介、云撮合、云对接、云询盘、云签单的一站式在线交易闭环。

三、提供线上对接服务

数字展会通过搭建供采对接采购平台,通过手机端、PC端,对专业展商进行重点推介,为供采双方提供线上直播互动、在线咨询、询盘、私聊、名片交换、在线签约等服务。

(1)线上展会现场,配备专业的直播工程师现场监测效果,保障展会直播质量。

(2)线上展会支持多平台推流,支持将展会内容同步到国内外主流直播平台,支持全球直播,包括同声传译、语言频道切换、多语言实时 AI 字幕等,使曝光量最大化。

(3)多路直播流可同屏展示,从产品展示、在线洽谈、使用效果等多种角度展现,也支持主会场和分会场连麦互动,增强用户互动参与感。

(4)线上活动方式众多,聊天弹幕、红包打赏、滚动抽奖、送花点赞、线上投票等功能丰富,可以活跃会场氛围。

(5)安全监控,高清稳定,线上展会支持4K高清流畅直播,支持百万用户同时在线互动,直播观看低延时。

由此可见,线上展会所构建的是可持续运营和对接平台,并从系统、产品、服务及运营等角度不断优化调整,以保证参展商全方位云展示,观众随时随地云逛展。

四、平台展前造势

(一)做好展前推广策划

1. 规划线上展会推广节奏

在线上展会直播前、中、后不同阶段制定不同的宣传策略,针对不同平台匹配不同内容,逐步引爆人气。

2. 确定线上展会推广渠道

可以从公共社交媒体、自有公众号、微博、官网、社群、邮件、短信、合作方平台等不同渠道入手,为直播进行引流曝光。

3. 根据不同渠道制作推广材料

比如生成邀请海报、撰写公众号推文、制作直播平台短视频等,为吸引更多参展商参与,可以在引流前使用限时限量福利。

4. 设计参展商招商报名方式和引流路径

直播前的预热和引流是常被忽略但是却很重要的环节,甚至比直播更重要。充分考虑不同私域渠道间的效率及用户体验,让整个引流的过程更顺畅,用户留存率更高。

(二)开展展前推广

1. 直播预热

制作预热招商海报、预热招商视频,通过有效的展前预热,激发参展商参与线上展会的动机。在预热海报设计、制作过程中,要注意图形设计简约而不简单,突出商品和企业优势,文字进行艺术编排,设计多语言版本,提升对商品、企业的宣传等。制作预热视频时,要遵守开门见山直接邀请、视频结尾设置悬念、剧情植入直播预热的原则。作为参展商,主办方为其开通账号并审核完身份信息后,参展商可以自主开通并管理自己的员工账号,可设置角色权限并为员工赋权。参展商可以进行多角色推广,自定义推广渠道。线上展会直播支持生成邀请海报,分享至引流渠道,客户扫码即可预约观看直播,并在推广页报名和登记信息,从而使参展商触达客户。

2.站内引流

通过 Banner 图直播预告、主推产品页加直播预告图、群发邮件、RFQ 访客营销、询盘客户主动邀约等进行站内引流。

3.站外引流

通过群发邮件,一对一定向邀请意向客户,SNS 渠道分享直播预告(朋友圈、facebook、LinkedIn、YouTube 等),即时工具通信邀请(Skype、Whatsapp 等)进行站外引流,吸引客户。

五、展示展中产品

获取优质订单,是展会中参展商的核心目标。与线下实体展会有所区别,线上展会主要是通过短视频和直播进行产品展示,直观立体呈现商家能力、商品优势、产品质量等,建立买卖双方信任。同时流量倾斜优质内容,赋能商家建立品牌。

(一)展中短视频制作要点

相比较于直播营销,短视频营销链路更短,效果更直接。短视频的表达更直接丰富,多元的信息表达通过短视频的展示更能抓住买家的兴趣。

展中短视频制作要点

(1)展会短视频的内容应展示企业优势,阐述核心理念,让观者留下深刻印象,突出产品优势,让产品脱颖而出,丰富直观的内容可让客户迅速了解企业和产品信息。

(2)展会短视频选取的视点要能调动观者的视觉积极性,感染客户,迅速吸引客户。

(3)展会短视频要内容紧凑,节奏明快,意思简明直接,能够快速地吸引观众的眼球,从而使其了解企业、了解产品,达到展会的营销目的。

(4)展会短视频要注意细节的描绘和表达,在拍摄手法上也要力求突破和创新。

(二)展中直播要点

1.充分准备,注意细节

(1)搭建好直播前、中、后三个阶段的直播整体框架,做好直播活动解决方案,梳理直播活动流程,设计观看旅程与互动环节,输出直播活动解决方案。

展中直播要点

(2)准备好直播过程中"声、画、编、播"每个过程中的设备,做好直播间的背景装修,安排直播专家协助线上直播效果测试,研究直播细节,力求达到最好的声音、场景、灯光效果。

(3)将直播时需要的文案逐一落实,反复推敲,直播人员充分掌握内容与设备操作方法,提前反复进行线上模拟,调整和优化直播内容。

2. 专业团队,专业分工

线上展会以24小时全天候直播的形式展示企业产品和形象,需打造一个优良的、专业的直播团队,团队人员(主播、助理、客服、场控等)要明确分工,具体每个流程责任到人。

主播要求形象好、专业度高、外语流利,能很好地展示企业形象和实力。特别是跨境电商B2B的直播更要注重主播形象,要尽可能通过主播的分享,让客户建立对公司或者品牌的信任。整个直播过程,从脚本内容、主播形象到主播分享状态都要重视。

直播场控能很好把控整场直播的节奏和应对突发情况,可以有效地对主播进行提示,包括时间、内容和场外支援,以及突发情况下的控场和内容安排等。

3. 实时互动,提高转化

一场好的线上展会直播需要具备利他性、专业性、趣味性和互动性的特点。

(1)利他性,指客户观看直播能得到某些对他有利的信息或者优惠,比如折扣、优惠券等。

(2)专业性,指对现场生产场景或者使用场景的展示。比如假发产品,可以现场做产品柔韧性测试,用卷发器展示可烫染,真人试戴效果展示等。

(3)趣味性,可在直播中穿插一些主播个人音乐、舞蹈、才艺的展示,营造直播间氛围。发挥主播的天性,让客户了解屏幕背后更鲜活、独立的个性,同时也是企业文化、团队文化、精神风貌的一次展示。

(4)互动性,直播过程中要注意客户的评论和提问,及时解答客户提出的问题,其中涉及产品和技术方面的问题建议由专业人员解答,有助于赢得客户信任。

直播过程中还需要高度重视与观众的交流,维系好老客户,多开发新客户,有意识地引导潜在客户沉淀相关信息,为后续经营转化积累资源,并引导有意向的客户到页面下单,提高实时转化率。

4. 直播复盘,二次推荐

(1)直播过后要及时总结经验教训,对直播过程中已经出现的问题尽快整改,避免下次直播过程中再次出现。

(2)直播过后询盘量会持续增长,利用这个增长机会,筛选优质客户持续跟进。

(3)引导客户观看回放,关注企业,再次推荐,进行视频分享。
(4)把握住精准客户进行跟进,直至成交。

六、数据分析与优化

线上展会区别于线下实体展会,平台大数据工具可对参展数据进行统计,带来商机复盘,沉淀优质买家,从而提高转化率。线上展会在大数据统计分析方面,依托人工智能算法,实现展商在搭建展台、发布展品、管理项目的自动记录,并根据用户的兴趣标签、浏览记录、画像数据进行智能匹配,帮助企业实现高效的供求及贸易对接。

(一)收集、分析客户信息

1.收集客户信息

分析进入数字展会的客户信息,以此来识别市场机遇和制定相关策略。一般情况下可通过客户识别、客户细分和客户预测来完成客户信息的收集。

(1)客户识别,即在广泛的客户群体中,通过直播间、短视频、在线会议室、公司页面和产品页面浏览情况等收集详尽的数据,并把它们转化成为管理层和营销人员可以使用的知识和信息。

(2)客户细分,通过集中有采购需求的客户信息,可以对不同需求信息之间的复杂关系进行分析,按照需求差异进行客户市场的细分,对客户需求群体进行营销运营。

(3)客户预测,是通过分析目标客户的历史信息和客户特征,预测客户在本次数字展会中的服务期望和需求行为的细微变化,以此作为决策的依据。

数字展会期间通过大数据收集的客户信息主要包括客群地区分布、客户在线参展情况、客户历史数据等内容,如图7-3、表7-2所示。

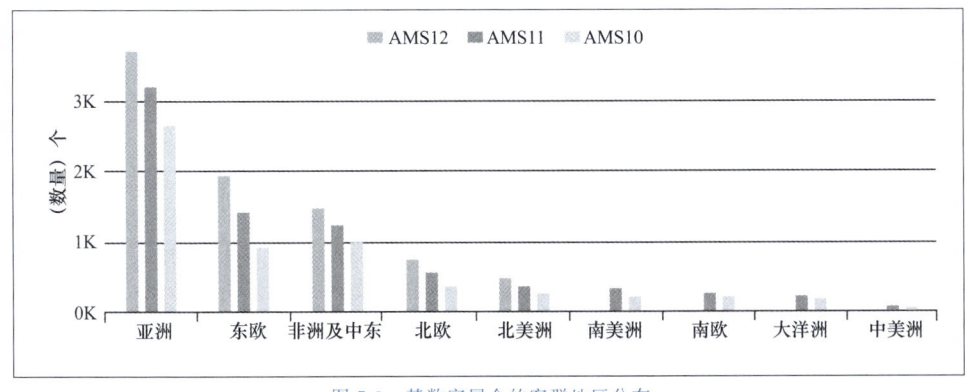

图7-3 某数字展会的客群地区分布

表 7-2　　　　　　某数字展会的客户在线参展情况

时间	影响人数	到展人数	意向观众	深度洽谈人数
4月29日	5 481	3 934	2 919	1 059
4月30日	9 035	6 755	5 014	1 817
5月01日	6 804	5 286	3 876	1 442
5月02日	8 920	6 751	4 955	1 857
5月03日	4 005	3 074	2 303	788
5月04日	3 934	2 960	2 224	766
5月05日	1 399	1 033	778	263
总计	38 179	28 760	21 291	7 729

2. 分析客户信息

（1）制订客户维护方案，有针对性地实施客户服务。在全面收集客户信息的基础上，对不同的客户分配不同的客户维护方案。可使用预热营销宣传策略，向目标客户输送各项服务信息，以吸引客户的注意。

（2）分析客户需求，追踪需求变化。这是参展商借助及时的信息来与客户沟通的关键性活动阶段。通过与客户的互动，参展商可以追踪客户的需求变化以及数字展会后的有关评价，不断完善客户关系。

（二）生成数据报告

参展商通过云展会后台记录的采购商人数、产品数、访客人数、瞬间访客数、采购商行业领域分布、最近采购需求数据，直播系统记录的潜在客户数据、互动时长、视频观看时长等多个维度数据，可导出智能分析报表，生成数据报告，立体呈现展会效果，为参展商提供精准的观众画像和意向客户的行为数据。

（三）跟踪、回访提高转化率

1. 核查完善客户信息

为避免被竞争对手捷足先登，数字展会后第一周的及时跟进至关重要。展会后需要在1~2个工作日内，及时核查、完善展会中获取的客户信息，如图7-4所示，制作客户信息统计表并录入客户关系管理系统。通过Google搜索、Facebook页面、第三方企业注册信息平台核查及获取正确的企业信息，比如：企业名称、联系人、职位、电话、企业网址、企业邮箱、在线聊天账号、企业地址、区域、时差、企业经营范围、企业规模、批发商/进口商、需求/兴趣产品、采购数量、意向度、跟进进度等。

图 7-4　核查完善客户信息

2. 客户分类

不同的客户需求不同,跟单方式也不同。展会后企业要根据客户类别进行不同方式的跟单操作。一般情况下,我们将展会客户分为:展会成交的新客户、意向客户、老客户和一般客户,如图 7-5 所示。需要根据客户线索进行分类跟进。

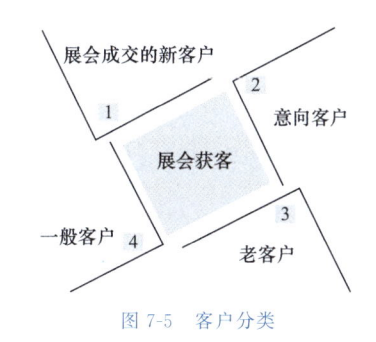

图 7-5　客户分类

(1)展会成交的新客户

彼此刚了解,对公司和产品相对认可。刚合作的新客户,除了要尽快与客户确认合同,还要及时落实定金的汇款情况,以免"夜长梦多"。定期通过 Email 发送新产品宣传册及询问客户需求、送出节假日问候,增加客户黏性。

(2)意向客户

意向客户是解决问题后,近期会成交的客户。这些客户需第一时间优先处理,将直播中咨询的问题整理好发送给客户。电话及 Email 同时跟进,挖掘需求,发送样品,邀约来工厂考察。

(3)老客户

老客户是对公司和产品非常认可,会持续下单的客户。企业可通过定期发送节假日祝福,挖掘老客户提升采购量的潜力。

(4)一般客户

一般客户是需长期跟进的客户。定期通过 Email 发送公司优势、新产品宣传册及询问客户需求,增加客户黏性和信任度。

3.有效跟进客户

日常对客户的跟进离不开邮件、电话、邮寄样品、约见面谈,因此邮件的内容非常重要。

(1)问候感谢邮件

内容主要是感谢进入我们的直播间,介绍我司是做什么产品的、有哪些产品目录、公司优势是什么、举出在当地国家合作的案例。内容要精简,和客户拉进关系,使其认识并了解公司。

Thanks for entering our liveroom. This is _____ Co., Ltd China. Professional Supplier for _____ products. We have our own factory and a variety of products. You will find the one you are looking for in our company. Our company has a history of more than 50 years and has a good reputation. Hope to cooperate with you.

(2)深入解答邮件

对直播间沟通的问题进行深入解答,对客户感兴趣的产品进行优势讲解,询问客户现在的采购计划是什么。

Thanks for your inquiry in our live room. This is _____ from _____ Co., Ltd China. Professional Supplier for _____ products. All sizes and styles can be done here. Product catalog you are interested in is inclosed in the attachment, such as the price, color, size, material.

What is the quantity or value of the first order? For the first cooperation we can provide free packaging according to your items. Our company is very advantageous, has a great product supply capacity, and can provide free designs.

(3)邀请考察邮件

根据客户回复意向,邮寄样品,约见客户来工厂考察。

Thanks for your Email. If you are interested in our products, we can send you our samples. According to our company's rule, sample is freely provided, but freight cost need to be paid by your esteemed. And we will return the cost to you when you place the first order with us. We have our own large-scale factory. Hope you can visit our company. We can establish a long-term cooperative relationship.

发完以上 3 封邮件,还可以通过打电话、使用在线聊天软件等工具和客户及时沟通,了解客户需求、跟进转化;根据客户意向邮寄样品,样品费建议由企业承担,运费由客户承担,明确告知客户签约合作后,会从订单金额中扣除其样品的运费;邮寄样品后便于更好处理客户问题以及打消客户顾虑,邀请客户来公司工厂考察或主动约见拜访。

(4)线上广告助力跟踪客户,提高转化率

展会后15天要利用好线上广告助力跟踪客户,提高转化率,线上广告营销内容见表7-3。例如,可通过Google搜索获取主动要了解的潜在用户;运用搜索再营销、展示再营销、Gmail邮箱列表跟进、YouTube视频再营销,把展会前、中、后曾访问过网站/跟进过的所有用户,进行跟踪转化;利用Facebook Ads广告,通过用户兴趣/爱好获取全球及特定国家的潜在客户。

表 7-3　　　　　　　　　　　　线上广告营销内容

周期	线上营销	目标受众	素材
展会后15天	Google 搜索	主动发起搜索需求的用户	关键字
	搜索再营销	曾访问过网站/跟进过的所有用户	关键字+图片+视频
	展示再营销		
	Gmail 邮箱列表跟进		
	YouTube 视频再营销		
	Facebook Ads	社交媒体所有	用户兴趣/爱好,图片,视频

项目总结

本项目着重介绍了数字展会的概念、特征、功能,以及数字展会的发展趋势,多个平台数字展会的发展概况,利用数字展会进行营销推广实践的方法与步骤,以提高数字展会客户的转化率,争取更多的订单。本项目的思维导图如下:

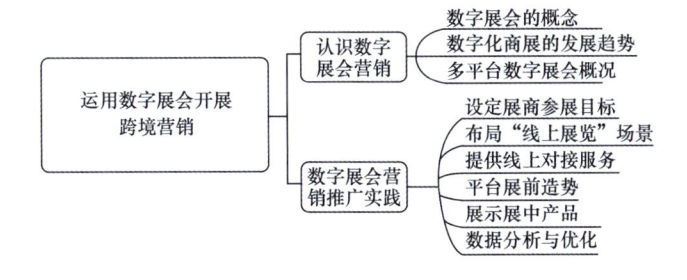

运用数字展会开展跨境营销
- 认识数字展会营销
  - 数字展会的概念
  - 数字化商展的发展趋势
  - 多平台数字展会概况
- 数字展会营销推广实践
  - 设定展商参展目标
  - 布局"线上展览"场景
  - 提供线上对接服务
  - 平台展前造势
  - 展示展中产品
  - 数据分析与优化

同步训练

一、选择题(不定项选择)

1. 数字展会的特征包括（　　）。
   A. 时效性强　　　　　　　　B. 覆盖面广
   C. 成本低　　　　　　　　　D. 精准度高

2. 数字展会的主要功能包括（　　）。
   A. 线上产品展示　　　　　　B. 线上沟通交流
   C. 数据的运营　　　　　　　D. 活动的运营

3. 数字展会中参展商参展的主要目标包括（　　）。
   A. 宣传企业形象　　　　　　B. 获取海量商机
   C. 了解市场　　　　　　　　D. 促成交易

4. 跨境电商平台线上展会布局包括（　　）。
   A. 展会信息　　　　　　　　B. 云展厅
   C. 数据分析　　　　　　　　D. 安全监管

5. 一般情况下线上展会的参展商可以通过（　　）来完成客户信息的收集。
   A. 客户识别　　　　　　　　B. 客户细分
   C. 客户预测　　　　　　　　D. 客户画像

二、简答题

1. 数字展会开展前如何做好展前预热造势？
2. 数字展会如何跟踪客户、提升转化率？

三、案例实训

某跨境电商平台上的某运动服饰公司，因受新冠肺炎疫情影响，无法通过线上实体展会开展营销获客，公司的客户数和转化率锐减。平台推出线上展会招商后，该公司积极报名参展。作为该公司的海外推广人员，现需要你准备一个线上展会参展推广方案，请你根据公司产品的现状，确定本次线上展会的推广目标、推广步骤、推广媒介以及需要分析的相应数据，并描述具体实施细节。具体如表7-4所示。

表7-4　　　　　　　　　　线上展会推广实训表

推广方案制订步骤	具体细节描述
确定推广目标	
实施推广步骤	
选定推广媒介	
数据分析与优化	

参考文献

[1] 孙庆振,安琪,王凌峰.短视频制作全能一本通[M].北京:人民邮电出版社,2021
[2] 徐立萍,程海燕.数字营销产品设计[M].南京:南京大学出版社,2019
[3] 郭牧.2019中国会展产业年度报告[M].武汉:华中科技大学出版社,2019
[4] 陈道志.跨境电商营销推广[M].北京:中国工信出版集团,2019
[5] 石少华.外贸社交媒体营销新思维:向无效社交说NO[M].北京:中国海关出版社,2018
[6] 史小俊.移动互联时代跨境电商的场景营销沟通探究[J].中国市场,2021.(09)
[7] 吴鑫洋.新零售视角下跨境电商存在的问题及对策[J].中小企业管理与科技,2021.(09)
[8] 赵玮,廖四成,廖波.面向用户体验的"社交+电商"全场景营销策略分析[J].商业经济研究,2021(08)
[9] 朱西西.基于互联网环境下电子商务营销渠道优化分析[J].营销界,2021(05)
[10] 魏炜,章红蕾.移动商务营销及应用模式分析[J].中国市场,2021(02)
[11] 宋晓晴,王紫薇.大数据分析技术对电子商务营销的促进意义[J].商场现代化,2020(21)
[12] 李庆友.大数据时代下电子商务营销模式探究[J].市场观察,2020(08)